KB069000

지 속 가 능 한
자본주의체제와
경제적 합리성

경제적 합리성에
대   한
철 학 적 반 성

김영한저

박영사

머리말

　지난 2008년 미국발 세계금융위기 이후, 계속되는 세계금융시장의 불안정성과 그에 따른 실물경제가 겪은 전대미문의 불황은, 과연 금융자본주의가 지속가능한 경제체제인가에 대한 심각한 질문을 다시 한 번 던지게 만든다. 특히 이 금융위기이후의 심각한 불황타개책으로 취해졌던 양적 팽창(Quantitative Easing)정책이 정상적인 통화정책의 궤를 벗어났던 만큼, 다시금 정상적인 통화정책의 틀로 돌아가기 위하여 이 양적 팽창정책의 규모를 줄이는 정책(Tapering)이 취해지자, 개도국을 중심으로 세계경제가 또다시 휘청거리는 악순환이 반복되고 있다.

　생산성과 기술혁신이라는 측면에서 인류역사에서 신기원을 이룩했던 자본주의체제가, 최근 그 빈도와 강도가 더욱 커지고 있는 금융위기의 악순환이 반복되면서 과연 지속가능한 체제인지에 대한 의문과 함께, 도대체 자본주의의 어떤 요인이 자본주의를 자기파괴적으로 만들고 있는지에 대한 의문이 커지고 있다. 이러한 의문들을 바탕으로 우리는 자본주의의 근간을 이루고 있는 경제적 합리성 개념에 주목한다. 즉 경제적 합리성이 과연 지속가능한 자본주의체제의 기본이념으로 작동할 수 있는지를 밝혀야 하며, 이를 위해서는 경제적 합리성개념의 철학적 바탕까지 살펴보아야 한다.

　금융자본주의체제의 지속가능성에 대한 궁금함과 걱정스러움으로, 최근 미국발 세계금융위기의 원인과 그 구조적 특성을 한 번 더 곱씹어볼 필요가 있다. 그리고 이런 금융위기를 확대 재생산시켜온 금융자본주의의 근간을 이루어고 있는 경제적 합리성개념의 기반과 그 타당성도 되짚어보고자 한다. 끝이 보이지 않는 듯한 금융자본주의의 미로에서, 미국 등 서방 금융대국들의 구조적 문제점들이 불거질 때마다 우리나라 경제가 가장 심각한 홍역을 치러왔다. 이런 와중에 한국자본주의의 지속가능성을 더욱 취약하게 만드는 우리경제의 내재적인 각종 구조적 문제점들도 한 번 더 살펴보고 그 대안도 찾아보고자 한다.

　인류역사와 또 우리나라의 역사를 통하여 배운 것은, 끊임없는 새로운 생산력과 기술력의 등장에 따라 경제체제 및 사회체제도 끊임없이 진화해왔다는 점이다. 지금 금융자본주의가 겪고 있는 홍역은, 바로 이 금융자본주의체제의 새로운 진화가 절실히 요구되는 시점이라는 신호이다. 이러한 진화의 방향을 모색하는 작업은 인류전체의 과제이다. 세계경제사에서 압축경제성장의 모델로 거론되어온 한국경제는, 자본주의의 진화를 위한 대안모색과정에서도 새로운 모델을 제시할 수 있을 것이다. 그런 모델이 되기 위한 조건들을 살펴보고자 한 이 조그만 노력이 우리경제와 금융자본주의의 지속가능성을 회복하기 위한 진화담론의 계기가 되길 기대해본다.

　어수선한 원고들을 깔끔한 책으로 만들어준 박영사 선생님들의

수고에 감사드리며, 두서없는 생각들을 정리할 수 있도록 가르쳐주
신 선배, 동료 그리고 후배들에게 감사드린다.

2014년 초여름,
미세먼지와 소음들을 모두 빨아들이며 서울의 하늘을 지키고
있는, 비원 숲 언저리를 바라보며,

김영한 씀

Chapter_01

들어가는 말

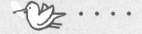

지속가능한 자본주의체제와 경제적 합리성
- 경제적 합리성에 대한 철학적 반성 -

우리가 살고 있는 현재는 지난 인류의 역사적 경험들이 축적된 결과이면서 동시에 우리의 미래를 비춰줄 단서이다. 또한 오늘날 우리가 경험하고 있는 자본주의체제는 수렵에 기반한 원시부족사회에서부터, 농업을 중심으로 노예제에 근거한 고대사회와 중세봉건사회, 그리고 상업과 제조업이 발달하면서 등장한 근대 시민사회를 거친 후, 산업혁명과 함께 급팽창한 산업생산력에 기반하여 성립된 산업자본주의체제 등 지난 모든 역사적 진화과정의 유기체적 퇴적물이다.

한편 19세기 들어, 자본주의의 여러 가지 한계 및 병폐, 특히 노동착취에 근거한 이윤추구현상이 심화되면서 급속하게 확산된 사회주의 및 공산주의운동의 역사적 실험이, 인류역사를 통틀어 가장 큰 기대와 열정으로 시작되었다. 그러나 1917년 러시아 볼셰비키 혁명으로 세계 최초의 소연방 사회주의 국가가 성립된 후, 단 73년만인 1990년 소련의 해체와 함께 사회주의 및 공산주의체제는 실패한 역사적 실험으로 낙인찍히게 되었다.

1990년대 들어 소비에트연방의 해체 등 사회주의 실험이 몰락하면서, 자본주의체제는 더 이상의 체제경쟁대상도 없는 유일체제로 자리잡는 듯이 보였었다. 그러나 1994년 멕시코 및 중남미 경제위기, 1997년의 아시아외환위기, 1998년 러시아발 금융위기, 2001년 아르헨티나발 중남미 금융위기, 2007년의 미국발 세계금융위기, 그리고 최근의 유럽재정위기에 따른 세계경제위기 등 점차 그 빈도와 강도가 높아지는 세계경제위기를 경험하면서, 과연 이 자본주의체제가 지속가능성이 있는 안정적인 체제인가에 대한 근본적인 회의가 강하게 대두하고 있다. 특히 이러한 금융위기 및 경제위기와 함께, 심각한 빈부격차와 사회균열이 심화되면서, "월가를 정복하라(Occupy the Wall Street)"는 구호로 시작된 후 전 세계로 확산된 체제불만은 자본주의 체제의 지속가능성에 더욱 큰 의문을 가지게 만든다.

사회주의 및 공산주의 체제의 종말과 함께 결과적으로 살아남은 유일체제인 자본주의체제는, 산업혁명 이후 기술발전과 더불어 새로운 가치창출을 통한 이윤추구를 지상목표로 하는 산업자본주의로 성장해왔다. 그러나 1970년대 이래 최근까지는, 서방선진국이 주도하는 변동환율제도가 정착되면서, 외환시장 및 금융산업 전반에 걸친 불확실성 및 변동성이 확대되어왔다. 또한 이러한 불확실성 및 변동성과 관련한 다양한 파생금융상품들이 급속히 확산되면서, 금융서비스산업을 축으로 하는 금융자본주의체제가 세계경제의 새로운 경제체제로 자리 잡게 되었다.

산업혁명 이래 자리 잡았던 산업자본주의체제에서는 산업기술의 혁신이 만들어내는 새로운 가치가 이윤의 원천이었다. 따라서 자신의 효용만을 극대화하기 위한 이기적 동기로서의 이윤동기는 기술혁신을 통하여 새로운 가치를 창출하는 결과를 낳았다. 즉 산업자본주의체제에서의 탐욕적 이윤동기는 기술혁신과 경제발전의 원동력으로 작동하였었다. 한편 20세기 후반부터 새로운 자본주의체제로 자리 잡은 금융자본주의체제에서의 이윤의 원천은 금융산업의 혁신이었다. 그러나 금융산업에서의 혁신의 형태는, 과거 산업자본주의에서의 혁신과 같이 새로운 가치를 창출하는 것이 아니라, 금융자산의 시세차익 극대화를 위한 형태의 혁신이었다. 따라서 금융자

산의 시세차익 극대화를 위하여 필요하다면, 금융자산가격의 왜곡
및 조작을 할 수 있는 기법조차도 금융혁신으로 간주되면서, 금융자
본주의의 자기모순적 문제점들이 누적되기 시작하였다.

이러한 금융자본주의의 자기모순적 특징들로 인해 금융산업의
발달은 곧 금융시장의 불안정성의 확대로 이어지면서, 80년대 이래
세계금융위기의 빈도와 강도가 더욱 심해지면서, 결국 금융자본주의
의 지속가능성에 대해 근본적인 회의와 문제제기가 이루어지게 되
었다.

이러한 배경에서 우리는 금융자본주의의 근간을 이루는 경제적
합리성 개념, 즉 모든 경제주체는 자신의 효용을 극대화하는 최적의
선택을 할 수 있는 능력을 가지고 있을 뿐더러, 또한 실제에 있어
그러한 합리적 선택을 한다는 가정의 타당성을 분석해볼 필요가 있
다. 또한 이러한 경제적 합리성 배경에 바탕한 금융자본주의체제의
지속가능성을 금융자본주의의 주요메커니즘, 특히 신금융상품 및 신
금융거래기법에 대한 구조적 특성을 밝힐 필요가 있다.

지속가능한 자본주의체제의 조건을 분석하기 위해서는, 먼저
오늘날의 자본주의체제가 정착하게 된 역사적 배경을 돌이켜 볼 필
요가 있다. 즉 근대 시민사회가 형성되는 과정에서 가장 기본적이고
도 근본적인 가치는 시민사회의 주축을 이루는 시민 개인의 가치였
다. 그 결과, 개인의 노력이 곧 개인의 효용으로 연결될 수 있는 사
유권이 정착되면서, 인류는 전대미문의 기술혁신의 홍수를 경험하게
되었다. 이와 함께 전대미문의 기술혁신이 초래한 새로운 세계에서
살아남은 경제체제인 자본주의가 반복적인 금융위기와 경제위기를

경험하면서, 과연 앞으로도 끊임없는 기술혁신과 새로운 가치를 창출해낼 수 있는 최적의 경제체제인가에 대하여, 많은 회의와 논란이 더욱 뜨겁게 일고 있다.

개인주의적 근대 시민사회에서 태생한 자본주의는 근본적으로 개인의 가치가 궁극적인 가치이며, 따라서 이러한 각 개인들의 가치, 혹은 욕구가 극대화되는 상태가 곧 사회적 가치가 극대화되는 상태라는 믿음에서 출발하였다. 또한 이러한 믿음은 저마다의 이기적 가치추구가 타인의 개인적 가치를 훼손하지 않는 조건이 보장된다면, 자유방임제(laisser-faire)가 가장 최선의 제도적 선택이라는 믿음으로 확산되어, 최근까지 금융자본주의와 영미식 신자유주의에 근거한 경제정책의 기본철학이 되어왔다.

위와 같은 자유방임적 신자유주의의 논리는, 개인의 이기적 효용극대화 노력이 다른 개인의 효용을 침해하는 시장실패가 발생할 경우, 그 효력은 상실된다. 이와 같이 경제 전반에 걸쳐 시장실패는 반복적으로 경험되기 때문에, 이러한 시장실패를 교정하기 위한 정부의 적극적인 정책개입이 필요하다는 주장이 케인지안들을 통해서 제기되었다. 한편 이러한 시장실패 교정을 위한 정책노력이 필요하다는 케인지안들의 입장을 부정하고, 20세기 말기에 자유방임주의에 가까운 신자유주의를 부각시킨 논거는 시장실패를 교정하려는 정부가 실제에 있어 시장실패를 정확히 파악할 능력이 없을 뿐더러, 그 시장실패를 교정할 능력은 더더욱 없기 때문에 차라리 시장실패를 방치하는 것이 낫다는 논리였다. 한편 정부정책이 전지전능한 철인통치자의 족집게 같은 정책일 수는 없지만, 그럼에도 불구하고 이

와 같은 자유방임적 논의는 정부정책이 가지는 강력한 정책신호역
할을 고려하지 못한 잘못된 논지이다.

　이러한 논의를 배경으로 자본주의체제의 이념적 근간인 경제적
합리성에 대한 분석과 함께, 이러한 경제적 합리성에 기반한 금융자
본주의체제의 지속가능성을 최근의 금융위기 및 경제위기구조의 분
석과 함께 살펴보고자 한다. 이러한 분석은, 최근의 미국발 금융위
기가 세계경제위기로 확산되면서, 자본주의체제의 지속가능성에 대
한 근본적 의문이 제기되면서, 더욱 절박한 문제로 대두되고 있다.

　특히 지난 2008년 미국의 부동산거품붕괴에서 촉발된 금융위기
와 그에 따른 세계경제위기가 확산되면서, 경제적 합리주의에 근거
하여 운용되어온 '금융자본주의의 합리성' 자체에 대한 근본적인 문
제제기가 이루어지고 있다. 즉 자산시장에서 합리적 투자전략으로
간주되어온 집단행동전략(Herd Behavior Strategy)은 부동산시장과
주식 등 유가증권시장에서 주기적인 거품발생 및 거품붕괴의 악순
환을 초래하면서, 자산시장에서의 가격체계붕괴와 시장질서교란을
확대재생산하는 메커니즘으로 작동하고 있다. 또한 생산력의 무한한
확대를 가능하게 할 것으로 믿어져왔던 금융자본주의체제에서 재무
적 이익(financial arbitrage profit) 실현을 위한 이윤동기는, 새로운
가치창출을 위한 혁신활동을 촉발하는 유인체계가 아니라, 오히려
자본주의체제의 지속가능성을 훼손하는 자기파괴적 유인체계의 역
할을 하고 있음이 최근의 세계금융위기에서 확인되고 있다.

　위와 같이 지난 2007년 이래 미국발 세계금융위기와 그에 따른
세계실물경제의 붕괴를 계기로, 계몽적 합리성에 바탕하여 성장해온

금융자본주의체제가 보여주고 있는 자기모순적인 체제의 한계를 분석하고, 그에 대한 성찰적 대안을 도출하기 위한 노력이 필요하다. 산업혁명 이후 최근까지의 다양한 형태의 역사적 경험 및 실험을 통하여, 경제적 합리성에 바탕한 자본주의체제가 가장 효율적인 생산체제로 믿어져 왔었다. 그러나 결국 이 경제적 합리성에 바탕한 금융자본주의가 자기모순 및 체제모순에 빠져, 그 지속가능성이 한계를 보임에 따라, 금융자본주의의 근간을 이루고 있는 '경제적 합리성'에 대한 근본적 재검토 및 성찰의 필요성이 대두되고 있다.

이러한 배경에서, 자본주의체제의 근간을 이루고 있는 이념으로서의 '경제적 합리성'의 유효성에 대한 근본적 성찰을 시도하고자 한다. 특히, 최근 미국발 금융위기에서와 같이, 반복적으로 확대재생산되고 있는 부동산 등 자산가격의 거품이 형성되는 과정과 또 자산가격 거품이 붕괴되면서 초래되는 금융시스템의 위기가 결과적으로 세계경제의 붕괴로 이어지는 과정에서 나타난, '경제적 합리성'에 근거한 경제주체들의 전략 및 정부정책의 구조적 문제점을 파악하고자 한다. 특히 파생금융상품 발행과정에서의 도덕적 해이가 경제적 합리성과 어떤 관련을 가지는가에 대한 분석은, 금융자본주의의 내재적 모순을 분석하고, 그 대안을 모색하는 실마리를 제공해줄 것으로 기대된다. 또한 최근 미국금융시스템의 마비가 전 세계 실물경제의 동반붕괴로 이어진 원인분석과 향후의 대안모색을 위하여 국제정책공조체제의 붕괴와 경제적 합리성의 관계분석이 필요하다.

현재 금융감독체계 강화를 중심으로 하는, 세계주요국들의 금융시스템개혁에 대한 논의가 확산되고 있으나, 여전히 지속가능한 자본주의체제의 기초이념으로서의 '경제적 합리성'의 타당성 및 지속가능성에 대한 심층분석이 필요하다. 즉 지속가능한 금융자본주의 및 지속가능한 자본주의체제의 기본조건에 대한 검토와 사회적 합리성의 개념에 대한 검토를 통하여, 지속가능한 자본주의체제이념으로서의 '새로운 경제적 합리성' 개념 도출을 시도하고자 한다.

우리는 먼저 자본주의 형성의 기반이 되는 자본축적 및 시장메커니즘의 기본이념인 '경제적 합리주의' 개념이 최근 금융위기 및 세계경제위기로 체제 자체의 내재적 모순을 노현하고 있는 금융자본주의의 체제위기와 어떤 상관관계 및 인과관계를 가지고 있는지를 분석할 필요가 있다. 즉 최근 세계경제위기의 발단이 되는 미국 부동산시장에서의 투기적 거품형성과정과 이러한 투기적 거품을 확대재생산하는 미국자산시장의 구조적 특성분석과 이러한 구조적 특성이 형성되는 과정에서, 전통적인 '경제적 합리성'에 기반한 경제원칙이 어떻게 기여하였는가를 분석한다. 또한 미국부동산시장의 거품확산이 전체금융체제의 부실로 연결되는 과정에서, 부실 부동산담보대출(mortgage loan)에 기반한 증권발행과정에서의 위험이전(risk spreading)과 그 과정에서 신용평가기관 및 금융감독체계까지 포함한 금융시스템 전반으로 확산된 도덕적 해이와 '경제적 합리성'의 관계를 분석한다.

또한 자산가격 거품의 붕괴로 촉발된 금융위기가 세계전체 금융시스템의 위기로 확산되는 과정에서 나타난 국가간 금융감독체제 및 정책조정체제의 붕괴와 경제적 합리성과의 관련성을 분석한다. 동시에 세계적인 실물경제의 위축이 확산된 이후, 재정확대정책의 집행과정에서, 세계 각국이 보여 온 보호주의적 정책과 정책공조체계의 붕괴와 '경제적 합리성'과의 관계를 분석한다. 이와 같은 분석을 통하여, 금융자본주의의 구조적 결함과 전통적 의미의 경제적 합리성과의 관계를 분석하고자 한다.

둘째, 이와 같이 자본주의의 기본원리인 '경제적 합리성'이 금융자본주의의 체제결함의 원인으로 작동하게 된 원인분석을 위하여, 전통적인 '경제적 합리성'개념과 개인적 합리성, 그리고, 사회적 합리성과의 상관관계를 분석한다. 특히 지속가능한 자본주의체제이념으로서의 사회적 합리성과 경제적 합리성과의 양립가능성에 대한 분석을 통하여, 전통적인 '경제적 합리성'개념에 기초한 금융자본주의의 지속가능성에 대한 분석을 시도한다.

셋째, 앞에서 살펴본 금융자본주의의 구조적 모순의 원인으로서의 '전통적인 경제적 합리성'개념에 대한 분석결과를 바탕으로, 향후 지속가능한 자본주의체제이념으로서의 '경제적 합리성'의 기본전제조건 및 특성을 분석한다. 즉 지속가능한 금융자본주의체제의 기본요건에 대한 분석을 바탕으로, 이러한 지속가능성을 보장해줄 수 있는 '경제적 합리성'의 요건을 분석한다.

특히 산업혁명 이후 자본주의체제에서 자본축적 및 새로운 가치창출의 견인차역할을 해오던 주력산업이 제조업에서 금융서비스산업으로 전환되면서, 그 이전의 제조업 중심의 자본주의체제에서 나타났던 산업구조적 특징과는 구분되는 새로운 특성을 분석하고자 한다. 즉 18세기에 시작된 산업혁명 이후 가속화된 제조업 중심의 자본축적과정은, 정치적 구조의 변화와 함께, 자본주의체제에서의 부 및 자본축적의 원천인 이윤발생은, 새로운 부가가치를 창출하는

혁신활동(innovation)을 통해서 가능하였다. 그러나 금융산업이 주력
산업으로 부상하면서, 금융산업의 본래적인 부가가치 창출의 원천
인, 효율적인 자금중개 및 자본조달기능은 퇴색되고, 금융자산의 가
격조작을 통한 시세차익(arbitrage profits)이 주된 이윤창출의 원천
으로 부각되면서, 자본주의, 특히 금융자본주의의 지속가능성이 심
각하게 훼손되어진 구조를 분석하고자 한다. 특히 금융자본주의체제
에서 금융자산거래의 합리적 전략으로 간주되는 집단행동(Herd
Behavior)전략과 그에 따라 확산되는 금융시장의 불안정성을 회피하
고자 고안된 각종 파생금융상품거래, 또 초단기 거래기법 등을 통한
투기적 자산거래 및 재무적 이윤추구가 초래한 사회적 비효율성과
자본주의의 지속가능성을 훼손하는 과정을 분석하고자 한다.

　　다음으로, 지속가능한 자본주의체제의 기본요건과 이에 적합한
체제이념으로서의 '경제적 합리성'의 기본적 요건을 분석하고자 한
다. 지속가능한 자본주의체제의 이념도출에 있어서, 사회적 합리성
과 개인적 합리성의 융합가능성에 대한 분석과, 사회적 합리성과 개
인적 합리성이 일치할 수 있도록 해주는 체제 및 자본주의 제도설계
의 기본원칙을 분석하고자 한다. 즉 새로운 가치창출을 위한 '혁신
동기를 제공해주는 기제로서의 기존의 경제적 합리성원칙'과 함께,
사회적 합리성과도 부합되는 '지속가능한 경제적 합리성'의 원칙을
동시에 충족시키는 새로운 자본주의체제이념으로서 '경제적 합리성'
원칙의 도출가능성을 분석한다.

　　경제적 합리성의 타당성 및 유효성분석을 위하여 기존의 경제
학적 논의에서 가정되어왔던, 합리성의 개념에 대한 철학적, 인식론

적 성찰과 함께, 실험경제학적 분석을 병행하여 분석한다. 즉 모든 합리적 경제주체는 '효용극대화 문제의 해(solution of utility maximization problem)'로서 자신의 효용을 극대화할 수 있는 최적의 전략을 효율적으로 찾아나가는 능력을 가지고 있다는 전통적인 '경제적 합리성'에 대한 가정에 대하여, 먼저 인식론적 성찰을 통하여, 그 논리적 정합성을 분석하고자 한다. '경제적 합리성'의 개연성에 대한 분석방법으로 사용하고자 하는 철학적 접근, 특히 인식론적 분석은, 인문학뿐만 아니라, 사회과학 전반에 걸쳐, 각 학문의 방법론적 기초에 대한 이론적 논의의 토대를 이루고 있다. 사회적 의사결정구조를 분석하는 대부분의 사회과학의 방법론은, 각 분과학문의 방법론적 정합성에 대한 엄밀한 분석과 반성이 부족한 가운데, 서구 전통에 따른 실증주의적 접근이 주를 이루고 있다.

한편, 서구 특히 미국중심의 실증주의적 방법론에 근거한 사회과학적 접근의 인식론적 정합성과 체계성에 대한 각 학문별 성찰이 이루어지지 않은 가운데, 경제학을 비롯한 대부분의 사회과학은 모호한 인식론적 가정에 근거한 불투명한 진리론과 합리성 개념에 기초하고 있다. 그 결과 엄밀한 과학적 정합성을 추구한다던 본래적 의도와는 달리 각 분과학문별 소통가능성을 더욱 떨어뜨리는 결과를 초래하고 있다.

이러한 배경에서, 본 연구에서는, 최근 세계경제위기와 같은 금융자본주의체제의 내부적 모순이 심화되는 과정에서, 사회적 의사결정구조의 분석에 있어서의 인문학적 기초, 특히 '경제적 합리성'에 대한 인식론적 기초를 분석하고자 한다. 특히 사회적 의사결정구조에 있어, 소위 사회후생을 극대화하고자 하는 정책결정과정에서 인식론적 기초로 가정하고 있는 개별경제주체의 '경제적 합리성'과 최적의 사회적 자원배분에 대한 인식론적 기초를 규명하고자 한다.

이를 위해, 먼저 개인적 의사결정과정에서의 '경제적 합리성'의 인식론적 기초를 분석하고, 이에 근거하여, 사회적 의사결정과정에서의 '사회적 합리성'의 인식론적 기초를 밝히고자 한다. 개인적 의사결정 과정에 있어서 '경제적 합리성'에 대한 인식론적 기초분석에서는, 개인적 효용을 극대화하고자 하는 '개인적 합리성'의 특징에 대한 분석이 이루어진다. 즉 최근 한미FTA와 같은 시장개방과 관련한 국가적 논란에서 나타났듯이, 개인들의 효용체계가 주류경제학에서 전통적으로 가정해 왔듯이, 소비재화의 양에 대해서만 함수관계를 나타내는 것이 아니라, 소비재화 이외에 국가주권(national sovereignty)의식과 국민주권(citizen sovereignty)의식 등 전통적 주류경제학이 고려하지 못하던 요인들이 주요한 변수로 작용하는 경우의 경제적 합리성에 대한 분석도 이루어져야 한다. 이와 같이, 개인적 합리성에 근거한 의사결정의 목적함수를 구성하고 있는 주요변수들의 분석과 함께, 개인적 의사결정 과정이 실제로 자신의 효용을 극대화하는 합리적 선택인지에 대한, 즉 의사결정메커니즘의 합리성에 대한 분석도 필요하다.

사회적 의사결정과정에서 의사결정의 목적 및 이의 도출근거가 되는 효용체계의 인식론적 특징이 밝혀질 경우, 여러 사회적 의사결정과정에서의 갈등구조가 소모적으로 확대 재생산되지 않고, 효율적으로 극복할 수 있는 사회적 합의체계 도출의 개연성이 높아질 것으로 기대된다. 즉 사회적 의사결정과정에서 '사회적 합리성' 구조에 대한 인식론적 기초에 대한 이론분석과 최근 사회적 갈등구조의 요인이 되었던, 우리의 사회구조적 변화를 초래할 수 있는 시장개방정책을 포함하여 지속가능한 한국자본주의체를 위한 소득재배분체계와 같은 주요사안에 대한 사회적 의사결정구조에 대한 분석도 필요하다.

사회적 의사결정구조에 대한 인식론적 기초에 대한 이론분석의 사전 기초분석으로서 개인적 효용체계의 특징을 분석한다. 개인들의 효용체계가 주류경제학에서 전통적으로 가정되어왔던, 소비재화의 양에 대해서만 함수관계를 나타내는 것이 아니라, 소비재화 이외에 전통적 주류경제학이 고려하지 못하던 요인들에 대한 실험경제학적 접근 및 진화생물학적 접근을 통한 분석도 살펴보고자 한다. 이와 같이 개인적 의사결정의 목적을 구성하고 있는 주요변수들의 분석과 함께, 개인적 의사결정 과정이 소위 자신의 효용을 극대화하기 위한 합리적 선택인지 여부에 대한 의사결정메커니즘의 특성에 대한 분석도 이루어져야 한다. 사회적 의사결정과정에서의 인식론적 기초에 대한 분석은 개인적 의사결정구조에 대한 분석에 기초하여, 사회적 의사결정 및 합의도출의 기본구조를 분석할 필요가 있다.

다음으로, 지속가능한 자본주의체제 구축을 위한 한국경제의 과제분석에서는 지속가능성의 기본조건으로서 모든 사회구성원들이 혁신동기를 갖출 수 있는 기본요건으로서 사회양극화해소를 위한 소득재분배 정책, 대기업 및 중소기업을 포함한 산업정책 등을 분석한다. 또 지속가능한 시장개방정책에 대한 사회적 의사결정과정에서의 사회적 합리성의 구조적 특성에 대한 분석에서는, 먼저 다양한 시장개방정책을 포함한 무역정책의 결정과정에서, 각국의 사회구조적 합의체계가 미치는 영향을 분석한다.

위와 같은 배경에서, 우리가 살펴볼 내용들의 순서는 다음과 같다. 첫째, 먼저 개인적 합리성에 기반하여 발전해온 최근의 금융자본주의체제의 특성과 그 지속가능성을 살펴본다. 즉 최근의 금융자본주의 전개과정이 지속가능한 체제안정성을 갖출 수 있는가를 최근 미국발 금융위기 및 세계경제위기의 구조적 원인분석을 통하여 살펴본다. 특히 부실자산 형성의 원천으로서 미국주택담보 대출시장의 구조분석과 함께, 그 과정에서 형성된 투자자들의 도덕적 해이를 초래하는 잘못된 유인체계를 분석한다. 또한 주택담보대출을 제공하는 금융기관 차원에서 도덕적 해이를 초래할 수 있는 구조와, 궁극적으로 전체금융기관들이 자산건전성 확보를 위한 노력을 적절한 수준으로 유지하지 않아도 되도록 한 잘못된 유인체계도 분석한다.

다음으로 최근의 세계경제위기와 경제적 합리성간의 관계를 분석하기 위하여, 경제위기를 초래한 구조적 원인들과 개인적 합리성간의 관계를 분석하였다. 특히 금융산업에서 부가가치가 창출되는 원천을 분석함과 함께, 최근의 금융산업이 본래적 의미의 금융산업의 역할에서부터 어떻게 이탈하고 있는가를 분석하였다. 특히 고부가가치 부문으로의 자원재배분이 주역할이어야 하는 금융산업이, 자산가격의 시세차익 실현을 위하여 다양한 투기적 파생금융상품을 개발하고, 또 그 과정에서 금융감독기구들이 최소한의 금융감독기능조차도 행사하지 않는 경제체제전반의 도덕적 해이구조를 분석하였다. 또 이와 함께 외환시장의 자유화와 함께 도래한 외환시장의 불안정성이 금융위기의 증폭에 기여하는 구조분석과 함께 금융위기와 금융감독정책의 관련성을 분석한다. 즉 금융시스템의 도덕적 해이를 예방해야 할 금융감독정책의 기능을 개별국가차원 및 국제정책조정체계 차원에서 분석한다.

셋째, 앞에서 분석한 합리성 및 경제적 합리성개념, 그리고 최근의 경제위기의 분석을 통하여 살펴본 금융위기의 구조적 요인들에 대한 분석결과에 근거하여, 자본주의체제, 특히 금융자본주의체제의 지속가능성을 최근의 주요 금융혁신결과인 신금융상품과 신금융거래기법의 지속가능성을 중심으로 살펴본다. 특히 금융자산의 위험을 회피하려는 목적에서 발행된 파생금융상품들이 본래적 목적과는 전혀 상반되게 금융시장의 불안정성을 증폭시키는 투기적 금융거래상품으로 거래되는 구조와, 또한 첨단금융거래기법으로서 초단기 매매전략이 금융시장의 불안정성에 미치는 영향을 분석하였다.

넷째, 금융시스템에서 금융투자자들의 투자전략이 전략적 상호보완성(strategic complementarity)을 가지는 특성을 고려하여, 이 경우 발생하게 되는 자기실현적 금융위기의 특성을 분석하였다. 특히 은행인출사태와 같이 경제주체들의 전략간에 강한 전략적 상보성이 나타날 경우, 실물경제기반이 중간수준에 있을 경우, 실물경제기반과 무관하게 항상 어떤 형태로던지 금융위기가 발생할 수 있는 가능성이 존재하게 되는 금융산업의 특성을 분석하고, 그에 따른 경제적 불안정성의 영향을 분석하였다. 즉 금융산업이 내생적으로 가지는 불안정성을 분석하여, 이에 대한 정책적 대안을 분석한다.

이와 같이 개인적 합리성에 기반한 금융자본주의가 최근 지속
가능성이 근본적으로 의문시되는 구조적 한계를 보이는 특성을 살
펴본 뒤, 경제적 합리성의 본래적 특성과 그 지속가능성을 살펴본
다. 즉 지속가능한 자본주의체제의 이념적 기반으로서 경제적 합리
성의 역할과 그 의미를 밝히기 위하여 합리성 개념정의와 또 경제적
합리성 개념에 대한 이론적 분석을 시도한다. 특히 경제적 합리성
개념의 진화과정을 합리적 선택이론과 기대효용이론, 그리고 전략적
합리성 개념으로의 진화과정을 분석한다. 또한 경제적 합리성의 정
의에 있어, 이기적 동기와 선택의 일관성의 의미와 그 역할을 분석
한다.

다섯째, 자본주의체제에서의 합리성 개념의 모순적 기능을 분
석하기 위하여, 개인적 합리성과 사회적 합리성의 관계를 분석한다.
즉 사회적 합리성이 실현될 수 있는 사회적 선택의 조건을 분석하
며, 또한 사회적 합리성 실현과정에서 합리적 개인들의 전략적 행동
과 사회전체효용과의 관계를 분석한다. 또한 이를 바탕으로 개인적
합리성과 사회적 합리성의 조화를 이룰 수 있는 사회적 존재로서의
개인적 합리성의 실현을 위한 조건들을 분석한다.

여섯째, 경제적 합리성개념에 대한 다양한 비판적 시각을 분석
한다. 먼저 모든 인간은 자신의 효용을 극대화하기 위한 최적의 선
택을 한다는 합리적 선택이론에 대한 비판, 특히 행동경제학적 시각
에서의 비판을 분석한다. 다음으로 이러한 행동경제학적 비판에 반
하여, 진화적 차원에서 경제적 합리성의 보편성을 보여주는 진화생
물학적인 분석 및 진화심리학적 시각에서의 경제적 합리성의 의미

를 분석하고, 이에 근거한 개인적 차원의 경제적 합리성과 사회적 차원의 경제적 합리성의 의미와 역할을 분석한다. 또한 이상의 분석에 근거하여, 경제적 합리성을 가정한 경제학이 엄밀한 과학으로서의 체계를 갖출 수 있는 조건을 분석한다.

마지막으로 위의 분석결과들을 토대로 지속가능한 자본주의체제의 기본요건을 분석하고, 이러한 시각에서 한국자본주의체제의 지속가능성을 분석하였다. 특히 모든 사회구성원에게 지속적인 혁신동기를 부여할 수 있는 한국자본주의의 지속가능성의 조건이 실현되기 위한 구체적인 요건들을 분석하였다. 즉 지속가능한 자본주의체제와 사회체제의 선결요건으로서의 사회통합을 위한 소득재분배정책방향과 금융시장개방정책 및 대외무역개방정책이 경제여건의 안정화 및 경제주체들의 도덕적 해이를 억제하여 장기적으로 지속가능한 경제체제를 위한 유인체계로 작동할 수 있는 요건들을 분석한다. 특히 투기적 거래동기에 의해 자본주의체제의 변동성이 더욱 커지는 부작용을 방지하기 위한 금융규제정책 등 구체적 정책수단들의 필요성을 분석한다. 또한 금융자본주의의 지속가능성을 회복하기 위한 한국자본주의의 역할을 조명해본다.

Chapter_02

세계금융위기와
금융자본주의의 지속가능성

지속가능한 자본주의체제와 경제적 합리성
- 경제적 합리성에 대한 철학적 반성 -

I. 세계금융위기 및 경제위기의 출발점: 자산시장에서의 거품형성

2007년 미국의 주택시장거품 붕괴로 촉발된 미국의 금융위기와 그 여파로 초래된 세계금융위기는, 2012년 3/4분기부터 대부분의 OECD국가들이 플러스 성장세로 돌아서면서, 그 위기 국면이 수습되는 듯이 보였다. 그러나 이러한 세계경제의 회복세는, 지난 미국발 세계금융위기 이후, OECD주요국이 경기부양을 위하여 동원한 약 2조 4,000억 달러를 상회하는 전대미문의 초대규모 구제금융 및 재정투입에 의한 효과라는 점에는 이견이 없다.

이러한 초대형 재정투입의 결과 예상되는 각종 자산가격의 거품형성에 대한 우려가 커지면서, 양적 팽창(Quantitative Easing)과 같은 초대규모 팽창적 재정정책으로부터의 출구전략(exit strategy)으로서, 미국 연방준비은행이 채권매입을 축소하는 정책(Tapering)이 2014년도부터 본격적으로 시작되고 있다. 한편 이러한 출구전략이 본격적으로 시행되면서, 개발도상국을 중심으로 세계경제가 다시금 더블딥 현상에 빠져들 가능성에 대한 우려도 커지고 있다. 이는 금융위기에 의한 세계경제침체를 억제하기 위해 이루어진 초대형 재정투입의 결과 초래된 과잉유동성의 부작용을 억제할 수 있는 금융시스템의 기능에 대한 의구심이 팽배해있기 때문이다. 즉 미국 주택시장의 거품형성을 초래했고, 또 자산거품의 붕괴가 곧 미국 금융시스템의 붕괴로 이어졌던 원인인 금융기관들에 만연했던 심각한 도덕적 해이

를 방지할 수 있는 효율적 금융시스템이 도출되지 않았다는 우려 때
문이다.

　따라서, 향후 장기적인 국제금융시스템의 안정화를 위한 청사
진뿐만 아니라, 출구전략과 관련한 단기적인 금융 및 거시조정정책
의 효율적 집행을 위해서도, 최근의 세계금융위기에 대한 체계적 분
석과 함께, 국제금융위기 이후의 안정적인 국제금융체제구축을 위한
정책방향과 그에 필요한 적정 금융감독체제 및 이와 관련한 국제금
융감독 관련한 최적의 국제정책조정체계를 모색할 필요가 있다. 이
러한 금융위기 이후의 금융감독정책방향을 파악하기 위해서는 먼저,
최근의 금융위기가 국제금융시스템의 어떠한 문제점에 의해서 초래
되었으며, 또 결과적으로 금융시스템에 어떠한 추가적인 영향을 미
쳤는가에 대한 사전분석이 필요하다.

　향후의 최적국제금융질서 및 금융감독시스템의 설계를 위한 사
전분석으로서 이번 금융위기의 확산과정을 다시 한 번 되짚어볼 필
요가 있다. 주지하다시피, 미국 부동산담보대출시장 자체의 구조적
결함과 공화당정부의 적극적인 금융규제완화정책들은 미국의 자산
가격거품, 특히 부동산가격거품을 초래하였다. 즉 미국에서 부동산
담보의 시장가치 대비 대출액의 규모가 담보가치의 100%에 가까이
대출이 이루어진 가운데, 부동산가격이 당초 가격보다 폭락할 경우,
부동산담보 대출자들이 지급불능을 선언할 경우, 대출원금을 상환할
의무에서 면제된다는 제도적 허점이 투기적인 부동산매입을 더욱
촉발한 한 원인이었다.

1. 미국자산시장 및 부동산 거품의 출발점: 주택투자자의 도덕적 해이를 유발하는 주택담보대출시장구조

미국발 세계금융위기의 출발점은 미국부동산시장의 거품붕괴와 그에 따른 부동산담보대출과 연관된 금융시장의 붕괴였다. 즉 미국부동산시장의 거품붕괴는 미국 금융시스템의 붕괴로 이어지고, 이는 곧 세계금융시스템의 붕괴와 세계실물경제의 붕괴로 이어지는 결과를 낳았다. 이와 같이 미국발 부동산거품붕괴가 세계경제위기로 확산된 주요이유로 논의되는 요인들을 들면 다음과 같다.

첫째는 미국의 부동산담보대출제도 자체의 문제점, 특히 부동산담보대출 초기에는 매우 저렴한 이자를 적용하다가 일정시점 이후 상대적으로 높은 이자율로 전환되는 소위 탄력적 이자율제도(Adjusted rate mortgage resetting)와 부동산담보대출 채무자의 유한책임제도가 무모한 부동산투기를 더욱 촉발시켰다는 점이다.

미국의 부동산담보대출 유한책임제도의 특징은 부동산담보대출의 채무자가 가지는 채무변제 책임이 담보된 부동산에 국한된다는 점이다. 그 결과, 채무불이행이 발생할 경우, 채권자는 담보된 부동산을 압류하는 것 이상의 채권추심이 불가능하다. 이러한 제도적 특징은, 대출을 하는 채무자에게 부동산담보대출을 활용한 투기적인 부동산 매입을 촉발할 제도적 유인을 제공해준다. 즉 부동산거품이 붕괴될 위험이 있는 경우에도, 여전히 부동산가격상승을 통한 투기적 이익을 실현할 수 있는 확률이 조금이라도 있을 경우, 투기적 투자자들은 부동산담보대출을 통한 투기적 투자를 시도하는 것이 합리적인 전략이 되는 것이다.

　왜냐하면, 설사 부동산거품이 붕괴되어, 주택가격이 하락하는 경우에도, 채무자의 채무변제책임은, 담보된 주택에 국한되기 때문이다. 즉 채무변제능력 및 신용도가 낮은 채무자들이 채무불이행상태에 빠졌을 때, 채권자들의 채권추심은 단지 담보된 부동산을 차압(foreclosure)하여, 경매를 통하여 대출금을 회수하는 방법 이외에는 추가적인 채권추심방법이 없다. 이와 같은 잘못된 주택담보대출제도가 미국 부동산거품형성의 일차적 원인을 제공하였다고 볼 수 있다.

2. 주택담보대출(모기지론)제공 금융기관의 도덕적 해이

　앞에서 살펴본 바와 같이, 대출자들은 항상 모기지론을 통한 과잉부동산투자를 할 유인이 존재하기 때문에, 위와 같은 미국 모기지론제도의 건실성은 오로지 부동산담보대출을 제공하는 금융기관의 심사기능이 엄격하게 작동할 경우에만 보장되게 된다. 한편 문제가 더욱 심각하게 확산된 것은, 부동산담보대출을 제공하는 금융기관까지, 대출자들과 마찬가지의 도덕적 해이를 보이기 시작했다는 점이다. 이는 단순히 미국의 금융기관만의 도덕적 해이라기보다는 미국 금융감독당국의 도덕적 해이와 맞물렸다고 해석하는 것이 정확할 것이다. 즉 위에서 살펴보았듯이, 미국의 부동산담보대출자체가 대출자들에게는 제한적인 채무변제책임을 부과하고 있는 만큼, 결국 부동산 담보대출제공기관들의 엄격한 신용심사에 근거한 대출만이 미국의 부동산 담보대출시장의 건실성을 확보해줄 수 있는 유일한 장치였다.

그러나, Fannie Mae 및 Freddie Mac과 같은 주택담보대출제공 기관들은 주택가격상승이 계속될 것이라는 기대하에서, 주택담보대출자들의 신용조사는 소홀히 하는 가운데, 과잉 대출경쟁을 벌이게 되었다. 그 결과, 신용도가 낮아 대출회수가능성이 낮은 고위험 대출자들에게도 경쟁적으로 신용대출을 하는 가운데, 결국 'Ninja대출'이라고 불리는 부실대출까지 성행하게 되었다. 이 'Ninja대출'이란, '소득도, 직장도, 자산도 없는 대출자(No Income, No Job and No Assets)'인 대출신청자에게도 무차별적인 대출을 제공해준다는 것이다. 즉 대출자들이 대출상환능력이 없는 경우에도, 주택구입 이후의 시세차익을 노리고서 일단 주택담보대출을 하도록 유도하는 역할을 하였다. 즉 주택구입 후 상환이자율이 상향조정되기 전에, 주택시세 차익을 실현한 후, 주택을 매각하는 투기적 전략에 근거하여, 주택담보대출을 하도록 유도하는 일종의 미끼상품 같은 역할을 하였다. 이러한 현상은, 금융기관의 기본의무인 대출심사, 즉 신용심사는 소홀히 하면서, 대출수요를 창출하여 지속적인 대출영업을 하겠다는 전형적인 도덕적 해이라고 볼 수 있다. 이러한 도덕적 해이가 대출자 및 대출금융기관, 그리고 금융감독당국에까지 확산되면서, 부실 금융자산의 대량유통 및 그에 따른 금융시스템 자체의 부실화가 확산되었다.

3. 주택담보대출의 증권화를 통한 전체금융기관들의 도덕적 해이

대출금상환능력이 없는 대출자에게도 무차별적으로 제공되었던 서브프라임 주택담보대출이 미국 전체금융시스템의 붕괴로 연결된 단초는, 이와 같은 무책임한 대출을 제공한 주택담보대출제공 금융기관들이, 주택담보대출에 기반한 각종 증권발행(Securitization)을 통하여, 자신들의 부실채권의 위험을 분산하는 것이 허용되었기 때문이다. 즉 Fannie Mae와 같은 모기지론제공기관들은 앞에서 살펴본 바와 같은 동기와 경로를 통하여, 부실채권으로서의 부동산담보대출을 양산한 후, 그 위험을 분산하기 위한 전략으로, 부동산담보대출채권에 기반한 각종 증권(Mortgage Backed Securities: MBS)을 발행하여 판매하기 시작하였다. 특히 이러한 증권의 발행과정에서, 부실채권에 기반한 위험을 분식시키기 위하여, 각종 신용평가회사 및 보험회사를 통하여 이러한 주택담보대출기반 증권(MBS)의 신용도에 대한 신용평가 및 신용보증을 받아서 판매하였다.

특히 이와 같이 모기지론기반 증권(MBS)의 신용도 평가에 있어, 다수의 신용평가기관들은, 모기지론자체의 실질적인 신용도조사는 없이, 주택경기의 상승추이와 모기지론제공기관들의 명성에만 의존한 부실한 신용평가를 통하여, 대다수의 모기지론기반 증권(MBS)의 신용도를 긍정적으로 평가하였다. 이와 함께, 신용보증기관들 역시, 신용평가사들과 금융기관들의 명성에 의존한 부실한 신용조사에 기반한 신용보증을 제공하는 악순환이 확대되었다. 그 결과, 신용위험의 최소화를 위한 실질적인 신용조사에 기반한 신용우량자를 중심으로 한 선별적 대출과 같은 금융기관들의 노력은 없이, 단지 추가적인 증권발행을 통해 위험을 전가(risk dispersion)하는 금융기관의 도덕적 해이가 모든 금융기관에서 만연하여, 위험이 전체 금융권으로 확산(risk pooling)되는 결과를 초래하였다. 결국, 부동산거품이 붕괴되기 직전에는, 모기지론기반 증권의 건실성 및 신용도에 대해서 그 어느 금융기관도 실질적인 위험을 식별할 수 없을 정도로, 위험의 분식은 전체금융기관의 자산부실화를 초래하는 뇌관으로 작용하였다.

이와 같은 모기지론기반 증권발행과정의 문제점은 향후의 자본시장통합과정에서 그 시사하는 바는 매우 크다고 할 수 있다. 즉 다양한 금융상품이 결합되어 판매가 허용될 경우, 실질적인 감독기능 및 감독체제가 불분명해질 소지가 있으며, 이와 같은 신금융상품발행과정에서의 도덕적 해이가 만연하여, 결과적으로 금융시스템 전체의 부실화를 초래할 가능성이 있다는 점이다. 따라서 금융기관별 업무영역의 구분철폐조치는 정밀한 금융감독체계의 보완과 동시에 이루어지는 것이 매우 중요하다는 점을 미국의 사례를 통하여 확인할 수 있다.

II. 세계금융위기의 구조적 요인과 경제적 합리성

1. 금융산업의 이윤 및 부가가치의 원천

앞에서 살펴본 바와 같이, 최근 금융위기의 주요원인으로서, 투기적 금융거래의 결과, 원금의 회수가능성이 매우 낮은 위험자산 등 부실자산(non-performing loan을 포함한 toxic asset)의 비중이 지나치게 커지는 금융기관들의 부실화를 사전에 방지할 수 있는 적절한 금융감독 체제가 작동하지 않았다는 점이 부각되고 있다. 한편, 결국 금융시스템의 본래적 기능에 대한 정의가 이루어질 때, 이러한 금융시스템의 본래적 기능을 수행하게 해주는 정책수단으로서 최적 금융감독체제를 규명할 수 있을 것이다. 이런 맥락에서 본래적 의미의 바람직한 금융시스템은 무엇이며, 그에 비해 현재의 금융시스템의 근본적인 문제가 무엇인지를 확인해볼 필요가 있다.

금융산업 및 금융시스템의 본래적 기능은, 자원의 최적배분을 가능하게 하는 통로, 즉 최적자원배분의 혈관 역할을 하는 것이다. 즉 국민경제전체의 생산을 극대화하기 위해서는, 경제 전 부문에 걸쳐, 자원의 한계생산이 동일하도록 자원배분이 이루어지도록 하여, 결과적으로 사회전체적인 생산의 극대화 및 효율화를 가능하도록 자금중개기능을 하는 것이 금융산업의 본래적 역할인 것이다. 이와 같이 최적자원배분의 경로로서의 금융산업 및 금융시스템이 갖추어야 할 기본적인 기능은, 현재 및 미래에서 자본의 한계생산(marginal product of capital)이 가장 높은 경제 및 산업영역을 정확히 파악하고 예측하여, 잉여자본, 즉 저축된 자본을 가장 효율적으로 연결해주는 자본의 중개인 역할을 효율적으로 수행하는 것이다. 이를 위해서는, 직접금융(direct financing)형태로 기업이 자본을 조달하는 형태뿐 아니라, 상업은행이나 투자은행 등 금융중개기관(financial intermediaries)에 의한 간접금융(indirect financing)에서도, 이와 같은 자본중개기능이 효율적으로 이루어지는 것이 가장 바람직한 금융시스템의 본질이다. 또한 효율적인 자본중개기능이란, 한계생산이 가장 높은 산업영역으로, 저렴한 거래비용을 통하여 자본을 공급해줄 수 있는 자본중개기능을 의미한다.

따라서 금융산업이 위와 같은 가장 효율적인 금융시스템의 기능을 확보할 수 있도록 지원하면서, 금융산업 특유의 외부효과에 의해 초래될 수 있는 금융시장에서의 시장실패를 최소화할 수 있는 정책개입이 곧 금융감독정책의 근간이라고 볼 수 있다.

2. 금융시스템의 변질: 자산가격의 시세차익 극대화 추구

위에서 논의된 금융기관의 본래적 기능에 미루어보았을 때, 최근 세계금융위기의 이면에 놓인 금융시스템의 구조적 문제점들을 살펴보면 다음과 같다. 첫째, 자본의 효율적 재배분이 목적인 금융산업이, 그 본래적 목적보다는, 각종 금융자산 및 기타자산의 거래

를 통한 시세차익을 극대화하는 것이 금융산업의 주요 수익원으로
부상하였다는 점이다. 그 결과, 금융기관들이 효율성과 수익성이 높
은 산업 및 기업을 발굴하여, 자본을 중개하는 역할보다는, 다양한
금융자산을 개발하여, 필요하다면 자산의 가격조작을 할 수 있는 자
산시장에서의 시장지배력을 확보하여, 시세차익에 기반한 단기적 수
익극대화를 추구하게 되었다.

　이와 같은 투기적 자산으로서의 금융상품을 개발하여, 그 시세
차익을 극대화하려는 금융기관들의 동기는, 부동산 등의 실물자산에
대한 투기적 거래에 기반한 각종 금융자산 개발로 이어졌고, 그 결
과, 부동산담보증권(Mortgage Backed Securities)이 새로운 고수익 금
융자산으로 거래가 활성화되기 시작하였다. 이와 같은 신종금융상품
의 개발은 역으로 실물부문인 부동산의 투기적 거래를 더욱 촉진하
는 결과를 낳았다. 이와 같은 미국부동산시장의 거품붕괴와 이와 관
련된 파생금융시장의 붕괴구조는, 향후의 투기적 자산시장 및 미국
금융감독체계 개편에 매우 중대한 시사점을 주는 만큼, 좀 더 자세
하게 분석해볼 필요가 있다. 먼저 미국의 부동산시장에 거품이 형성
된 배경을 살펴보자. 1997년부터 2006년에 이르는 10년 동안의 미
국부동산, 특히 미국주택가격은 124% 상승하는 전대미문의 기록을
세웠다. 또한 1994년 64%를 기록하던 미국의 주택소유비율(home
ownership rate)은 2004년 69.2%에 달했다. 이와 같은 기록적인 미국
주택가격의 상승을 초래한 원인은 미국 특유의 주택담보대출제도에
서 찾을 수 있다. 즉 미국의 경우, 주택담보대출로 주택을 구입할 경
우, 대출금 상환불능상태에 빠졌을 때, 채무자는 대출금으로 구입한

주택에 대한 소유권을 포기하는 이외의 채무변제책임이 부과되지 않는 특징을 가지고 있다.

미국 부동산 거품의 붕괴가 초래한 미국금융시스템의 마비, 그리고 그 결과로 나타난 세계금융시스템 및 실물경제의 붕괴는, 금융자본주의체제의 지속가능성에 근본적인 의문을 제기하게 한다. 첫 번째 질문은, 이번 세계경제위기가 미국금융시장의 감독체계미흡에 의하여 초래된 일시적인 문제인지, 혹은 자산가격의 시세차익실현을 추구하는 금융자본주의체제의 불가피한 귀결인가 하는 문제이다. 그리고 만약 이번 위기가 단지 금융감독체계 미흡에 의한 일시적인 문제라면, 그 처방은 감독체계의 강화로 비교적 간단하지만, 만약 금융자본주의의 내재적 문제점으로 초래된 사태라면, 그 처방 역시 체제자체의 수정을 필요로 하며, 금융감독정책 역시 본질적인 문제해결에 초점을 맞추어야 할 것이다.

이번 세계경제위기의 출발점은, 주지하다시피, 2007년부터 미국의 부동산거품이 파괴되면서 주택가격이 급락하자, 부동산담보대출 및 부동산대출에 근거한 각종 유가자산에 투자했던 초대형 금융기관들의 부실자산이 급증했고, 그 결과 미국의 금융시스템이 마비되었다는 점이다. 한편 이번 미국의 부동산 거품붕괴가 단기간에 전세계 금융시스템의 마비 및 전 세계 실물경제의 붕괴까지 초래했다는 점에서, 이번 위기가 종래의 주기적인 경기변동과정에서 경험한 경기침체와는 그 성격을 달리함을 알 수 있다.

먼저 이번 세계경제위기의 일차적 원인이었던 미국부동산시장에서의 거품형성 및 거품붕괴과정이, 과거 자산시장에서의 거품형성 및 붕괴와 어떤 차이점과 유사점을 가지는지에 주목할 필요가 있다. 근대시민사회의 형성과 함께 성장해온 자본주의체제의 원동력인 이 윤동기를 실현하는 방법은, 기업가들의 혁신활동이 "새로운 가치"를 창조하는 것이었으며, 바로 이러한 새로운 가치가 이윤의 원천이었다. 이는 노동가치설에서 설명하는 자본주의체제에서도 마찬가지였다. 즉 노동자의 노동에 의하여 새롭게 창출된 가치가 이윤의 원천이라는 것이다.

그러나 노동가치설에서 예상하지 못했던 새로운 형태의 이윤이 오늘날 자본주의체제에서 가장 주요한 이윤의 원천으로 부상하였다. 즉 산업자본뿐만 아니라, 상업자본의 경우에도, 모든 이윤의 원천은, 각각의 자본이 창출한 잉여가치이며, 이 잉여가치의 원천은 결국 잉여노동이었다는 점이다. 상업자본(commercial capital)이 추구하는 시세차익(arbitrage profit)도 결국 상업에 종사하는 노동자의 잉여노동을 통하여 새로운 가치가 창출된 결과라는 것이다. 즉 재화나 서비스의 지역간 가격차가 존재할 때, 이러한 가격차를 상쇄해주는 상업부문 노동자들의 서비스가 창출한 새로운 가치가 시세차익의 원천이었다.

그러나 20세기 후반부터 자본주의의 새로운 주류로 부상한 금융자본주의체제에서는, 새로운 부가가치의 창출이 없이도 시세차익을 실현시키는, '아무런 고통도 없이 황금알을 낳고, 또 그 황금을 확대재생산하는 연금술'로서 금융산업이 출현하였다. 이러한 금융산업의 '황금을 낳는 연금술'이 바로 '자산가격 왜곡을 통한 시세차익 창출'로 이어지면서, 금융산업은 내재적인 붕괴가능성을 안고서 가

파른 성장을 하게 되었다.

3. 도덕적 해이를 확대재생산한 투기적 자산시장

금융산업이 창출하는 부가가치의 원천은 자원배분의 효율성을 높이는, "경제활동의 혈관"역할에 근거한다. 상업은행과 같은 금융중개기관을 통하여 자본을 조달하는 간접금융이던, 혹은 주식이나 채권발행을 통하여, 투자자로부터 직접 자본을 조달하는 직접금융의 경우이던, 금융산업의 본질적 기여는, 잉여자본을 활용하여 기업에게 필요한 자본을 효율적으로 배분하는 것이다. 사회전체적 효율성을 높이기 위해서는, 미래수익성이 높은 고효율기업에게 상대적으로 더 많은 자본이 투입되어야 하며, 그 역할을 금융기관이 담당해야 하는 것이다. 즉 금융기관들이 이윤을 창출하는 근거는, 미래시장상황과 기업의 기술력 및 효율성에 대한 정확한 분석을 통하여 미래수익성이 높은 고효율기업들을 발굴하여, 이 기업들에게 생산요소로서 자본공급을 확대하는 것이다.

그러나, 20세기 후반부터 새로운 자본주의체제로 부상한 금융자본주의체제에서는 대다수 금융기관들이 각 산업 및 기업의 미래수익성에 대한 분석을 통하여 효율성이 높은 산업 및 기업에 대한 대출 및 투자에 주력한 것이 아니라, 단순히 단기적인 자산 시세차익 극대화를 위한 재무적 투자가 주된 금융기관의 수익기반이 되었다. 뿐만 아니라, 전통적인 의미의 고정투자자산으로 간주되던 부동산이나 주택의 경우도, 그 실질적 효용보다는, 시세차익을 실현할 수 있는 새로운 투기적 자산으로 간주되기 시작하였다. 즉 1980년대 이래 경제정책의 근간을 이룬 자유주의적 접근은, 정부의 규제를 최소화하면서, 모든 민간거래의 거래비용을 최소화하기 위해 노력해왔다. 그 결과 주식거래와 같은 유가자산 거래 및 부동산거래에 걸쳐 규제가 최소화되거나 철폐되고, 그 결과 거래비용이 크게 낮아졌다. 동시에 2000년대 들어, 미국의 초저금리정책으로 풍부해진 유동성은, 유가자산 및 주택 등 부동산에 대한 투기적 거래를 더욱 촉진하는 계기가 되었다.

   그러나 미국의 부동산거품이 형성된 가장 주요한 이유 중의 하나는, 부동산 거래에 있어, 투기적 거래의 책임을 전가할 수 있는, 즉 투기적 시장에서의 도덕적 해이(moral hazard)를 촉발할 수 있는 여러 제도적 허점들이 있었으며, 이를 신자유주의적 정책의 틀에서 묵인하였다는 점이다. 그 첫 번째 문제점은, 주택매입과정에서, 부동산담보대출금 상환의 책임소재를 규명하기 어려운 미국의 주택구입 제도 자체에서 찾을 수 있다. 미국에서는, 전통적으로 차입금에 의존하여 주택을 구입한 후, 30~40년간에 걸친 장기에 걸쳐 원리금을 상환해나가는 주택담보대출(mortgage loan)에 근거한 주택매입제도가 부동산 구입제도의 근간을 이루었다. 이는 청교도혁명의 연장선 상에서 건국된 미국의 역사적 배경과도 상통한다. 즉 청교도 혁명정신으로 신대륙으로 건너온 유럽인들이 신세계를 건국할 때의 지배적 이념은, 미국은 기회의 나라이어야 한다는 것이다. 그래서 주택구입과정에서도 모든 미국인은 미래의 소득이 있을 경우, 현재 자산이 없이도 주택구입이 가능해야 한다는 정신에서, 주택구입대금의 절대부분을 차입금에 의존하는 현재의 주택담보대출제도가 자리 잡게 된다.

주택구입의 기회를 미래소득이 있는 모든 이들에게 개방했다는 점은 매우 고무적이나, 또 다른 문제점은, 미국의 경우, 주택담보대출 채무자가 채무불이행을 했을 때, 이에 대한 채권추심과정은, 대출금으로 구입한 주택의 차압에 국한된다는 점이다. 만약 차압한 주택의 가치가 대출금에 미치지 못할 경우에도, 채권자가 차압할 수 있는 자산은, 대출금으로 구입한 주택에 국한된다. 일견 채무자의 권익을 보호하는 듯 보이나, 이번 미국발 주택시장의 거품붕괴 과정에서 볼 수 있었듯이, 이러한 주택담보 대출자들의 유한책임제도는, 시세차익실현을 위한 투기적 주택구입을 더욱 촉발시키는 결과를 낳았다. 즉 향후 주택가격의 불확실성이 있더라도, 투기적 투자자들이 주택구입대금의 100%를 대출하여 주택을 구입했을 때, 주택가격이 상승할 경우, 향후 가격상승분만큼의 시세차익을 실현하게 된다. 반면, 주택가격이 하락할 경우, 채무불이행을 하더라도 단지 가격이 하락한 주택만 차압을 당하기 때문에 손실가능성은 매우 낮다는 판단을 하게 되어, 더욱 적극적으로 투기적 주택구입에 나서게 되었다.

4. 거래비용감소에 따른 투기적 거래의 확대와 자기실현적 금융위기

투기적 거래를 포함한 제반거래에 대한 규제철폐정책으로, 모든 자산시장에서, 제도적 거래비용이 획기적으로 낮아진 결과, 자산시장에서의 합리적 투자전략으로서 '집단적 행동전략(Herd behavior strategy)'이 등장하게 된다. 즉 투기적 자산시장에서 예상되는 시세차익에 비하여 거래비용이 매우 낮을 경우, 최선의 투자전략은, 대부분의 다른 투자자들과 동일한 투자전략을 선택하는 것이다. 은행인출사태(Bank Run)의 경우를 생각해보자. 즉 특정 은행이 실제 재무구조(fundamentals)는 건실함에도 불구하고, 이 은행이 지급불능 사태에 빠질 수도 있다는 근거 없는 소문이 돌고 있는 경우를 예를 들어보자. 이 소문이 근거 없다는 사실을 알고 있더라도, 다른 대부분의 예금자들이 이 잘못된 소문에 동요하기 시작할 경우, 최선의 전략은, 다른 예금자들이 예금인출을 위하여 몰려 갈 때, 그 무리(Herd)에 같이 포함되어, 예금인출을 하는 전략, 즉 집단행동전략(Herd Behavior Strategy)에 동참하는 것이 이익극대화 혹은 손실극소화를 위한 최적의 전략이라는 것이다.

이와 같은 합리적 투자전략으로서의 집단행동전략(Herd Behavior Strategy)은, 국제외환시장과 부동산시장 등 투기적 시세차익(arbitrage profit)에 비하여, 상대적으로 거래비용(transaction cost)이 낮은 모든 투기적 자산시장에서 공통적으로 나타나고 있다. 이처럼 집단행동전략이 합리적 투자전략이 될 정도로 자산의 거래비용이

낮아질 경우, 소위 개별자산 가격뿐만 아니라, 각국의 통화가치까지
도, 시장지배적 투기자본이 퍼뜨리는 소문이 실제로 실현되어버리
는, 소위 "자기실현적 위기(self-fulfilling crisis)"가 확산되게 된다.
그 결과, 외환시장에서부터 주식시장에 이르기까지 모든 투기적 자
산의 가격변동폭이 더욱 커지며, 결과적으로 시장가격에 영향을 미
칠 수 있는 정도의 거래규모를 가지는 시장지배자(price-leader)가
더욱 용이하게 투기적 자산시장을 조작하는 결과가 초래되었다.

자본주의의 새로운 중심을 담당하게 된 금융자본주의체제에서
는, 금융기관들이 자본의 최적배분기능보다는, 이와 같은 합리적 투
자전략으로서의 집단행동전략에 기초한 자기실현적 투기이윤을 확
대재생산해내는 기능을 경쟁적으로 수행하게 되었다. 그 결과, 금융
자본주의의 확산과 함께, 기업의 직접금융조달 경로인 주식시장과
채권시장은, 기업의 원활한 자본조달체계로서 작동하기보다는, 오히
려 기업자산가치의 불안정성을 더 높여서, 결과적으로 기업경영비용
을 높이는 결과를 초래하게 되었다. 우리나라의 주요대기업들이 이
미 겪고 있듯이, 주식시장에서의 변동성이 매우 높아 기업의 경영권
과 자산가치관리가 더욱 어려워지자, 각 기업별로 주식시장에서 자
사의 주가관리를 전담하는 재무경영책임자(CFO)까지 등장하였다. 이
는 주식시장이 기업의 자금조달경로로서 작동하기보다는, 기업경영
의 또 다른 비용구조로 전환된 경우에 해당된다.

또한 대외개방도가 높은 개도국을 중심으로, 주기적인 외환위
기가 발생하는 빈도가 더욱 높아지고 있다. 전체 외환거래액의
98.4% 이상이 투기적 외환거래이며, 국제결제를 위한 외환거래는

전체의 1.6% 미만이다. 따라서 외환시장에서의 변동성이 각국의 실
물경제추이를 반영하기보다는, 외환시장에서 시장지배적 투기자본
들의 자기실현적 가격조작의 결과로 보는 것이 적절할 것이다. 심지
어 주택과 같은 실물자산의 경우도, 거래비용이 점차 낮아지면서,
투기적 거래의 대상으로 바뀌게 되었다. 미국의 부동산거품이 절정
에 달했던 2006년의 경우, 전체 주택구입자 중, 실수요자로 분류되
는 주택구입자들은 60% 미만에 머물렀고, 나머지 40% 이상은 시세
차익을 겨냥한 투기적 수요자인 것으로 나타났다. 결국 미국주택가
격의 흐름은 이러한 투기적 수요자들의 전략에 따라 요동치게 된 것
이다.

5. 금융규제완화와 도덕적 해이의 확산

앞에서 살펴본 바와 같이, 미국 주택담보대출제도가 주택구입
과정에서 투기적 수요를 조장하고 주택담보 대출자들에게 도덕적
해이를 초래하는 일차적 원인을 제공하였다. 한편, 이러한 주택담보
대출에 기반한 증권(MBS: Mortgage Backed Securities)의 발행 및 이
MBS에 근거한 파생금융상품의 발행과 판매과정에서 금융감독당국
의 규제감독 기능이 작동하지 않았다는 것이 최근 금융위기의 특징
이다. 그 결과, 이 MBS의 발행 및 판매과정에서, 심각한 도덕적 해
이는 전체 금융기관으로 파급되게 되었다. 즉 주택담보대출을 받은
대출자들이, 대출원금에 대한 상환의무는 없고, 단지 대출금으로 구

입한 주택가격만큼의 상환의무를 가지는 제도 자체가 대출자들에게 도덕적 해이를 초래하여, 주택가격이 하락할 때에는 모든 책임은 담보대출제공기관에 전가되었다. 따라서 부동산 담보대출 금융기관들은 대출자에 대한 면밀한 신용조사에 근거하여 대출을 제공해야만 했었다.

그러나 2000년대 초반부터 미국서부를 중심으로 확산된 부동산 개발 및 투기의 확산과 또한 이에 편승한 대출업체들의 여신제공경쟁으로, 급기야 대출금 상환능력이 거의 없는 저소득층에게도 경쟁적으로 모기지론을 제공하기 시작했다. 특히 대출상환초기에 적용하는 이자율은 매우 저리로 적용하고, 주택가격상승에 따른 시세차익 실현이 이루어질 수 있는 시점이 지난 후에, 상대적으로 고리의 상환이자율을 적용하여, 저소득층의 담보대출을 더욱 부추기는 결과를 낳았다.

한편 위와 같은 위험한 대출은, 부실채권이 될 가능성이 높은 만큼, 부동산대출기관들은 이러한 부실채권화의 책임을 회피하기 위하여, 각종 채무불이행에 대한 보험에 가입하거나 혹은 담보대출채권에 기반한 다양한 형태의 파생금융상품들을 개발하여 판매하기 시작하였다. 또한 미국의 초대형 금융기관들을 포함하여, 대다수 주요 금융기관들은, 주택경기가 상당기간 지속되고, 주택담보대출에 기반한 금융상품들의 위험은 각종 파생금융상품들에 의하여 분산된 만큼 그 위험도가 낮다고 판단한 가운데, MBS에 대규모 투자를 하게 되었다. 즉 주택담보대출에 기반한 증권들에 대한 다양한 파생금융상품들이 확산되면서, 소위 MBS에 대한 '위험의 공유(risk pooling)'가 이루어졌다. 결과적으로 그 어느 누구도 주택담보대출과 또 주택담보대출에 기반한 증권(MBS)에 대한 위험의 책임을 지지 않는 광범위한 도덕적 해이가 확산되게 되었다.

6. 위기증폭기제로서의 외환시장의 불안정성

지난 20세기 초반, 두 차례에 걸친 세계대전의 주요원인 중의 하나는, 세계 주요 국가들이 보호주의적 무역정책에 기반한 시장쟁탈전에 참가하면서, 비협조적 시장쟁탈전의 일환으로 각국의 통화를 경쟁적으로 평가절하시켜, 결과적으로 국제결제체제가 붕괴되었다는 점이다. 따라서 제2차 세계대전 종전을 앞두고서, 미국을 위시한 연합국의 주요국들은, 종전 후 전쟁의 직접적인 원인을 사전에 제거할 수 있도록, 안정적인 국제무역체제와 국제결제체제를 구축하는 것이 전후의 안정적인 국제질서구축의 출발점임을 깨닫게 되었다. 그 결과, 모든 국가들의 통화와 미국달러화의 교환비율을 고정하고, 미국달러화의 가치는 금에 고정시키는 금본위제를 도입하여, 유사 이래 가장 안정적인 국제결제체제를 기반으로 세계교역의 확대와 세계경제의 동반성장이 가능하게 되었다. 그러나 1972년, 베트남전쟁 등에 대한 미국의 재정지출이 확대되면서 미국의 재정적자 및 무역적자가 누적된 결과, 금본위제의 지속적인 유지가 어려워져 금본위제 포기선언을 하게 되었으며, 그 이후 국제환율제도는 점차 자유변동환율제로 바뀌어가기 시작하였다.

변동환율제도 자체는 환율이 각국의 거시경제여건, 즉 소위 경제의 펀드멘털을 반영하는 환율조정을 통하여, 개방경제의 대내외균형을 동시에 달성해줄 수 있는, 효과적인 외환체제일 수 있다. 그러나 문제는 외환거래에 소요되는 거래비용은 거의 0에 가까운 만큼, 외환거래의 절대부분은 투기적 목적의 외환거래라는 점이다. 그 결과, 집단행동전략(herd behavior strategy)에 의한 투기적 거래와 시장지배적 외환투기자본에 의하여 소국개방경제 통화의 자기실현적 위기(self-fulfilling crisis)가 매우 빈번하게 나타나는 결과가 초래되었다.

이와 같이 자유변동환율제도가 도입된 후, 국제금융시장에서의 불안정성이 점차 확대되어, 지난 미국발 금융위기가 곧 아이슬란드, 우크라이나, 헝가리 등의 소국개방경제의 국가부도위기(sovereign default crisis)로 확산되는 결과가 초래되었다. 그 구체적 추이를 보면, 미국부동산 거품붕괴로, 부동산담보대출에 근거한 각종 유가증권(MBS)에 대규모 투자를 했다가 자산부실규모가 커진 미국계 금융기관들이 유동성 확보를 위하여, 제3세계에 투자했던 자산들을 매각해야 하는 압력에 직면하게 되었다. 이와 같이 미국계 금융기관들의 제3세계 자산의 매각을 예상한 외환투기자본들은, 시세차익 실현을 위하여 이들 국가들의 통화에 대한 투기적 공격을 통하여, 결과적으로 국가부도상태에 이르게 하였다. 즉 미국계 금융기관들이, 유동성 확보를 위하여 매각한 규모보다 훨씬 큰 규모의 투기적 공격에 의하여, 아이슬란드, 우크라이나, 헝가리 등의 국가들이 국가부도의 위기까지 직면하게 되었다.

7. 지속가능한 금융자본주의의 요건

앞에서 살펴본 바와 같이, 이번 세계경제위기의 원인들을 요약해보면, 첫째, 경제전반에 걸쳐 거래비용이 낮아지면서, 주식시장과 외환시장, 그리고 주택시장까지 포함한 대부분의 자산시장이 투기적 시장으로 바뀌었다는 점, 둘째, 각국 정부의 적극적인 금융규제완화 정책의 결과, 금융감독체계가 효과적으로 작동하지 않아, 주택을 포함한 실물자산과 유가증권시장에서의 투기적 거래로 모든 자산시장에서 거품이 확대재생산되었으며, 거품발생 후 일정 시점이 지난 후, 필연적으로 발생하는 이 거품붕괴가 전 세계의 금융시스템 및 실물경제의 붕괴로 연결되었다는 점이다.

이와 같은 경로를 통하여 확대재생산되는 세계경제위기는 과연 금융자본주의의 피할 수 없는 귀결인가? 금융자본주의의 기본철학인 경제적 자유주의에 기초하여, 자산거래과정에서의 각종 규제들을 획기적으로 철폐한 것이, 유가증권뿐만 아니라 주택을 포함한 실물자산시장에서 투기적 거래가 확산된 일차적 이유인 것은 사실이다. 또한 미국부동산거품 붕괴가 전 세계 금융시스템과 실물경제의 동반붕괴로 이어진 직접적 원인은, 신자유주의에 기반한 금융자본주의체제가 주창했던 규제완화와 시장개방이 금융시장과 개도국에 무차별적으로 적용되어, 금융시장의 건전성 감독체계가 효과적으로 작동하지 않았다는 점이다.

여기서 주목할 것은, '경제적 자유주의'에 기반한 금융자본주의체제의 연장으로서 이루어진 금융규제 및 감독기능의 과도한 축소

가, 금융기관들과 투기적 거래자들에게 도덕적 해이를 촉발시킨 것
은 사실이지만, '경제적 자유주의'에 근거한 '왕성한 이윤동기'가 효
율성을 더 높일 수 있는 근거라는 점도 간과되어서는 안 된다. 즉
'경제적 자유주의'가 보장하는 이윤동기가 새로운 가치를 창조하는
혁신활동을 통하여 실현될 때, 경제적 자유주의는 지속가능한 자본
주의의 기본이념일 수 있다. 그러나 '경제적 자유주의'가 보장하는
이윤동기가, 새로운 가치를 창조하는 혁신활동이 아니라, 자산의 시
세차익 극대화를 위한 재무활동을 통하여 실현될 경우, 이러한 경제
적 자유주의는 '지속가능한 자본주의'의 기본이념이 될 수 없다. 특
히, 자산의 시세차익 극대화가 가격변동성이 심한 투기적 자산시장
에서 시장지배력을 이용한 자산가격 조작을 통하여 이루어질 경우,
이러한 '금융자본주의'는 자산가격의 거품형성에 근거한 경제호황
과, 거품붕괴에 따른 세계적 공황이 주기적으로 반복되는 악순환을
확대재생산하여, 더 이상 지속가능한 경제체제로 작동할 수 없다.

　　그러나 '경제적 자유주의'가, 부정적 외부효과를 차단할 수 있
는 제도적 틀 안에서 추구되는 가운데, 이윤추구과정에서 모든 경제
주체들의 혁신활동을 자유롭게 보장해주는 사회적 합의체제로서 작
동할 경우, 지속적인 자본주의발전의 원동력으로서 작동할 수 있다.
그러나 이 '경제적 자유주의'에 기초한 금융규제완화가 자유방임을
허용하는 정책으로 작용할 경우, 그리고 이 자유방임정책의 결과,
모든 경제주체들이 새로운 가치창조를 위한 혁신활동보다는 자산의
시세차익실현을 위한 재무활동에 전념할 경우, 이러한 금융자본주의
는 자산의 거품형성과정에서의 일시적 호경기와 자산거품 붕괴에

따른 세계적 경기침체의 주기적 악순환을 초래할 것이다.

이러한 맥락에서 향후 중장기적인 금융감독 시스템은 금융시장의 경제주체들에게 이윤추구를 향한 혁신활동의 자유를 최대한 보장하면서, 동시에 도덕적 해이를 방지할 수 있는 제도설계(mechanism design)를 통하여 보완되어야 한다는 것이다. 즉 금융시장의 효율성은 높이면서도 금융시장에서의 소비자보호를 위한 안전점검체계는 보완해야 하는 것이다.

8. 세계금융위기와 금융감독정책

지난 '97~98년도 아시아 외환위기의 경우, 아시아국가들이 효율적인 금융감독 및 금융시스템을 갖추지도 못한 가운데 성급하게 금융시장을 개방한 결과, 단기해외채무가 급증하면서 대외충격에 대해 매우 취약한 구조를 가지게 된 가운데, 거시경제정책 차원에서도 많은 취약성을 보인 것이 주요원인이었던 것으로 일반화할 수 있다. 이에 비하여 2007~2009년의 세계금융위기는 미국의 금융감독시스템과 통화정책의 실패가 미국금융시스템의 붕괴를 초래하였고, 또 미국금융시스템 붕괴가 세계금융시스템의 구조적 외부효과에 의하여 전 세계 금융시스템의 붕괴로 확산되었다고 특징지을 수 있다. 즉 미국 및 주요국의 금융감독체계의 문제점이 이번 세계금융위기의 가장 주요한 원인 중의 하나인 만큼, 향후 세계경제질서 재편의 가장 주요한 논의가 바로 금융감독 시스템의 재편에 초점을 맞추고 있다.

한편, 최근 국제금융위기의 진원지였던 미국에서, 지난 2009년에 마련된 금융감독정책의 개혁방향을 기초로 꾸준히 진행되어온 금융정책개혁노력의 결과, 지난 2010년 3월 22일, 미국상원에서 금융개혁 법안이 통과되었다. 당초 미국 재무부에서 마련된 안에 비하면, 상당한 정치적 타협이 이루어진 내용이지만, 금융위기의 재발을 방지하기 위한 금융감독 시스템의 강화라는 당초취지는 상당부분 반영된 것으로 평가되고 있다.

미국 상원을 통과한 금융규제 개혁법안은 소비자보호대책강화, 경제체계차원의 위험(system risk)에 대한 조기경보체계구축, 대형복합(too-big-to-fail) 금융기관에 대한 구제금융차단, 은행감독체계개선, 파생금융상품의 투명성 및 책임성확보, 그림자 금융(shadow banking) 감독체계정비의 일환으로서의 헤지펀드규제, 보험감독체계정비 등에 초점을 맞추었다. 또한 금융기관 임직원고위경영자, 트레이딩담당자, 모기지브로커 등의 보수에 대한 주주의결권보장, 신용평가기관의 투명성 및 책임성강화, FRB 운영 및 지배구조 개선방안 등도 포함하고 있다. 한편 유사한 정책노력들이 여타 OECD국가들에도 확산되면서, 금융감독 시스템 개편을 위한 국제적 정책노력이 강조될 것으로 예상된다.

향후 금융자본주의의 지속가능성에 대한 분석의 일환으로, 앞에서 살펴본 기존의 금융감독 체제의 문제점을 바탕으로, 향후 논의가 확대될 금융감독정책 부문에서 국제적인 정책공조이슈와 그 정책방향들을 분석해볼 필요가 있다. 먼저 향후 금융위기 재발을 방지

할 수 있는 금융위기 예방시스템은 '금융감독시스템의 효율적 재편'
에 크게 의존하고 있다. 이와 같은 금융감독 시스템 재편은 크게 개
별국가차원의 금융감독정책 재편, 금융감독 정책관련 글로벌 국제정
책조정, 그리고 거시정책과의 연관성을 고려한 지역적 차원의 금융
감독정책으로 구분하여 살펴볼 수 있을 것이다.

(1) 금융위기와 개별국가 차원의 금융감독정책

최근 반복적인 세계금융위기를 경험하면서, 금융시스템의 구조
적 위기를 방지하기 위한, '금융시스템 안정을 위한 금융규제기능'과
효율적인 국제정책공조가 가능한 금융감독정책의 중요성이 강조되
고 있다. 금융감독기능이 단순히 사전에 정의된 규정에 따라, 사후
적인 금융기관의 업무의 적정성만을 감독하는 것을 넘어서서, '금융
기관과 기업부문에서의 정보의 투명성과 공개성을 개선'하여, 기업
및 금융기관들이 자발적으로 건전성을 개선하기 위한 노력을 제고
할 수 있는 여건을 제공할 필요성이 강조되고 있다. 체계적으로 관
련된 금융기관들에 대한 통합적 금융감독체제 구축을 포함하여, 금
융시스템이 초래할 수 있는 거시경제적 효과를 감안한 금융감독을
할 수 있는 금융감독시스템을 구축하여야 할 것이다.

또한 금융기관들에 대한 직접적인 금융감독체제와 함께, 기업
및 가계 등 금융서비스 소비자들의 금융활동들에 대한 포괄적 관찰
과 필요한 감독이 가능한 포괄적 금융감독체계를 구축할 필요가 있
다. 또한 금융감독정책 및 활동이 결과적으로 경기변동의 불안정성

을 증폭시키지 않는 전략적 접근이 필요할 것이다. 즉 금융충격에 의하여 실물경기가 위축되고 있을 때, 유동성 공급을 더욱 위축시키는 금융감독정책이나, 호경기 국면에서 금융기관들의 자산구조가 양호하다는 판단하에, 금융감독을 느슨하게 하여, 신용공급을 더욱 확대하는 등의 효과를 낳아, 경기변동폭을 더욱 확대하지 않도록 하여야 할 것이다.

(2) 금융감독정책의 국제정책조정과 거시경제정책조정

금융감독정책의 매우 강력한 국경간 외부효과를 고려할 때, 전세계 차원의 금융감독정책의 협력체제구축과 함께, 지역적 차원의 금융감독정책의 협력체제구축이 절실히 필요하다. G20회의에서 합의된 전세계 금융시스템의 안정화를 위한 '금융안정위원회(Financial Stability Board)'의 기능을 강화하고 효율적 작동을 위한 재원확대를 위한 조치가 필요하다. 또한 금융감독의 국제적 표준과 기준을 수립하고, 또한 기업지배구조에 대해서도 공통의 표준을 마련하여, 다국적기업을 포함하여, 금융감독과정에서의 국경간 외부효과(cross-border externality in financial regulation)를 내부화할 수 있는 금융감독의 국제정책공조체제를 구축하여야 할 것이다.

또한 국제적인 신용평가기관, 헤지펀드 등 국제금융질서에 심대한 영향을 미치는 금융기관들에 대한 규제정책에서의 국제적인 정책공조체제를 구축하여, 국제금융질서의 안정화를 위한 협력체제 구축이 필요하다.

　　또한 금융위기발생 및 확산의 지역적 특성과 지역차원에서의 금융감독정책협력의 필요성을 고려하여, '유럽금융위기관리위원회(European Systemic Risk Board)'나 아시아지역에서의 '아시아금융안정협의체(Asian Financial Stability Dialogue)' 등의 기구를 통한 적극적인 지역협력이 확대될 필요가 있다. 위와 같은 다양한 경로를 통하여 금융시장에서 위기의 국제적인 확산을 억제하고 지역차원에서의 금융시장에 대한 감독과 안정화를 위한 협력확대와 함께, 지역차원에서의 금융위기경보시스템의 구축이 필요하다.

　　앞에서 살펴본 바와 같이 금융감독체제에서의 직접적인 제도개선 필요성과 함께, 금융감독체계와 연계된 거시경제정책 차원에서의 효율적인 정책조정체계를 갖추는 것이 매우 중요하다. 먼저 개별국가 차원에서의 거시정책조정차원의 주요이슈를 살펴보면, 금융위기가 대부분 자산가격의 거품형성과 함께 찾아온다는 점을 고려할 때, 이러한 자산가격의 거품형성의 원천적 요인을 제거하기 위해 첫째, 통화정책차원에서 과잉유동성이 공급되지 않도록 엄격한 통화정책의 준칙이 지켜져야 할 것이다. 둘째, 자산시장에서의 거품형성억제를 위하여, 금융정책 못지않게 중요한 것은 재정정책 차원에서 재정적자와 공공부채가 누적되지 않도록 재정균형을 달성하기 위한 정책노력이다.

　　금융감독정책과 연계된 거시정책의 조정에 있어, 국제적인 정책공조가 필요하다. 첫째, 국제통화기금(IMF)차원에서 회원국의 통화정책에 대한 감독기능을 강화할 필요가 있으며, 특히 금융시스템의 안정화를 위한 정책공조체계의 구축이 필요하다. 둘째, 정부부문 및 중앙은행부문에 대한 감독뿐만 아니라, 거시적 안정성에 영향을 미칠 수 있는 민간부문에 대해서도 국제적인 정책공조체제의 구축이 필요하다.

다음으로 거시정책자원에서의 지역협력방향을 살펴보면, 거시정책이 금융안정성에 미치는 영향 및 그에 따른 국제적인 금융위기의 전파가능성을 고려할 때, IMF와 같은 국제적 기구를 통한 정책조정노력과 함께, 지역협력차원에서도 통화 및 재정정책에서의 지역협력체제 구축과 상호정책감독노력이 제도화할 수 있는 지역협력체제의 구축이 필요하다. 또한 통화 및 재정정책에 있어서의 위기경보체제를 구축하고 이와 연계하여 환율정책에서의 정책공조체계를 갖출경우, 지역금융시스템의 안정화에 크게 기여할 것이다.

마지막으로 국제금융질서의 안정화를 위한 국제수지관리차원에서의 협력이 필요하다. 즉 개별국가차원에서는 자국통화의 과도한고평가(overvaluation)가 발생하지 않고 지속적인 경상수지적자가 발생하지 않도록 각별히 유의할 필요가 있다. 마찬가지로 과도한 저평가에 기초한 경상수지 흑자의 기록 역시 장기적인 거시경제적 건전성을 위태롭게 하기는 마찬가지라는 점을 유의할 필요가 있다. 결국세계경제차원에서 지속불가능한 국제수지의 불균형을 장기적으로 보완할 수 있는 정책공조가 필수적이다. 이를 위하여 저축률이 상대적으로 매우 높은 지역에서는 수요를 진작하는 정책을 적극적으로 추진하여 국제수지 차원에서의 불균형해소를 위한 장기적인 노력이 보완될 필요가 있다. 즉 금융자본주의의 지속가능성은 결국 위에서 살펴본 다양한 국제정책협력이 가능한가 여부에 의해 결정될 것이다.

Chapter_03

경제적 합리성은
지속가능한 자본주의체제이념인가?

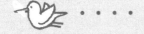

지속가능한 자본주의체제와 경제적 합리성
- 경제적 합리성에 대한 철학적 반성 -

I. 개인적 합리성에 기반한 금융자본주의의 지속가능성

1. 사회적 합리성 실현을 위한 금융산업의 본래적 가치

개인적 합리성은 개인의 효용을 극대화할 수 있는 자원배분원칙을 찾아 효율적인 개인의 효용극대화를 달성하는 합리성으로 정의할 수 있다. 이러한 개인적 합리성에 바탕하여 모두가 합리적으로 의사결정을 할 때, 사회전체의 효용이 극대화된다는 것이 경쟁적 시장을 가정한 고전경제학적 세계관이다. 또한 경쟁적 시장에서는 그 누구도 시장지배력(market power)을 가지지 못한 채, 모두가 가격수용자(price taker)로서 시장에서의 거래원칙, 즉 사회적 규칙을 지키는 착실한 사회구성원들이다.

이와 같이 모든 사회구성원들이 사회적 규칙으로서의 시장가격을 받아들이며, 자신의 효용을 극대화하기 위한 최선의 선택으로서 합리적 자원배분을 할 때, 사회전체의 효용은 극대화된다. 이러한 사회후생이 극대화되는 최적상태의 특징은 모든 생산요소의 한계생산이 동일하도록 생산요소가 배분된다는 것이다. 즉 특정개인이나 기업의 생산성이 다른 개인이나 기업보다 높을 경우, 그 생산성이 높은 개인이나 기업이 그렇지 못한 개인이나 기업보다 더 많은 생산요소를 사용할 수 있도록 하는 것이 사회전체의 효용을 높일 수 있다.

이러한 사회적 측면에서의 효용을 높이는 효과 외에도 순수한 개인적 합리성의 관점에서 보더라도, 잉여 생산요소를 가진 개인이,

자신보다 더 높은 생산성을 가진 개인이나 기업에게 자신이 가진 생산요소, 즉 자본을 빌려주거나 투자할 때, 자신이 직접 그 생산요소를 사용하는 것보다 더 높은 효용과 이윤을 달성할 수 있다. 따라서 개인적 합리성의 관점에서도 더 높은 생산성을 가진 개인이나 기업이 더 많은 생산요소를 활용할 수 있도록 자원의 재배분이 이루어질 때 개인의 효용은 더 높아진다.

이때, 개별경제주체들이 다른 개인이나 기업의 생산성에 대해 완전한 정보를 가지고 있을 경우, 직접 더 높은 생산성을 가진 개인이나 기업에게 자신의 생산요소를 빌려주거나 투자하게 된다. 그러나 현실에 있어서는 어떤 개인이나 기업이 자신보다 더 생산성이 높은지에 대한 완전정보를 가지고 있지 못하다. 따라서 상대적으로 더 정확한 정보를 가지고 있는 금융 중개기관(financial intermediaries)을 통하여, 더 생산성이 높은 개인이나 기업들에게 대출 및 투자를 하게 된다.

이와 같이 생산요소를 생산성이 더 높은 기업에게 배분될 수 있도록 중개기능을 담당하는 금융기관의 역할은 우리 신체 각 부위에 영양소와 산소를 공급하는 혈관과 같이 자본주의시스템이 작동하기 위하여 필요불가결한 요소이다. 이러한 경제시스템의 작동을 위한 혈관역할을 맡고 있는 금융산업이 경제의 안정성을 저해하고, 전 국민들에게 투기적 동기를 증폭시켜서 자원배분의 왜곡을 주도하고 있다는 비판을 받게 된 이유는 무엇인가?

이는 금융기관의 기본역할인 신용분석을 통하여 생산성이 더 높은 산업영역을 정확히 파악하지 못한 가운데, 실질적인 생산성과

는 무관하게 투기적 시세차익이 높은 영역으로 자원배분이 집중되
도록 하는, 잘못된 혈관역할을 담당했기 때문이다. 즉 부실한 금융
기관들의 역할은 마치 혈관역류현상이 나타나는 혈관과 유사한 것
이다.

이와 같이 혈관역류현상이 나타나는 혈관으로서의 왜곡된 금융
시스템에 기반한 자본주의체제는 장기적으로 지속가능성을 가질 수
없다. 뿐만 아니라, 혈관역류현상을 보이는 환자들이 대부분 사망하
듯이, 왜곡된 금융시스템에 기반한 경제체제는 곧바로 체제붕괴를
경험하게 됨을 반복적인 금융위기 및 경제위기의 역사적 경험을 통
하여 확인하게 된다.

특히 2008년 미국발 세계금융위기를 전후해서, 소위 금융산업
에서의 여러 혁신적인 금융상품들(financial innovation)이 금융시스
템 및 자본주의경제체제의 안정성 자체를 위협하고 있다는 비판이
제기되고 있다. 일례로, 새로운 금융상품들을 만들어내는 금융혁신
중에, 현금자동인출기가 개발된 이래 이러한 현금자동인출기보다 더
실질적인 시장효율성을 높여주는 금융상품은 아무것도 없었다는 것
이, 금융산업의 신금융상품에 비판적 시각을 가진 경제학자들의 공
통된 견해이다. 오히려 이러한 신금융상품들이 금융시장의 효율성을
더욱 저해시켰다는 비판도 제기되고 있다.1

---

1 이와 같이 금융산업의 신금융상품에 대한 비판적 견해는 전 미국FRB의장이었던 Paul
   Volker 외에도, 노벨경제학상 수상자인 Paul Krugman과 Joseph Stiglitz 등에 의해
   제기되었다.

2. 개인적 합리성만을 추구한 금융자본주의의 한계와 자기모순

최근까지의 금융산업 및 신금융상품들이 자본주의체제의 지속가능성을 더 높여주는지, 혹은 저해하는지에 대한 구조적 분석이 필요하다. 미국발 세계금융위기를 경험하면서, 투자은행을 중심으로 한 미국금융산업이 새로이 개발한 소위 '첨단금융상품'들이 도입되고 그 거래가 확산되면서, 위험에 대한 책임회피와 같은 도덕적 해이가 자본주의체제 전체의 위기로 확대 증폭되었다는 견해가 확산되었다. 따라서 최근 금융위기 촉발의 진원지였던 주요 신금융상품들의 특징과 이러한 금융상품이 도입된 배경과 의미, 그리고 신금융상품 및 이러한 상품들에 기반한 금융자본주의의 지속가능성을 분석하고자 한다.

금융산업에서 새로운 금융상품을 만들어내는 소위 금융혁신(financial innovation)으로는 금융지급 및 결제제도의 기술적인 혁신과 함께, 자본거래 및 자금유통경로의 혁신을 포함한 새로운 금융자산의 개발 등이 있다. 이러한 새로운 금융상품 개발의 긍정적인 측면은 생산성이 높은 기업으로 원활한 자원투입을 위하여, 투자과정에서 발생하는 불확실성이나 위험 때문에 투자가 위축되지 않도록, 투자의 위험 및 불확실성을 분산시킬 수 있다는 점이다.

즉 2008년 미국발 금융위기의 원인으로 지목되고 있는 신금융상품인 부채담보부증권(Collateralized Debt Obligation: CDO)의 경우도 당초 기업들이 발행한 다양한 회사채와 주택저당증권(Mortgage

Backed Security)과 같은 금융회사의 대출채권 등을 한데 묶어, 기업 및 투자자들에게 유동성공급을 원활하게 해주려는 목적으로 개발되어, 미국의 금융자산시장 발전에 크게 기여한 경이로운 금융상품으로 간주되었다. 그러나 이와 같이 다양한 채권과 증권을 하나의 금융상품으로 묶으면서, 개별 금융상품들의 자산안전성에 대한 평가가 적절히 이루어지지 않은 가운데, 이러한 부채담보부증권을 발행하여, 다른 투자자들에게 판매함으로써, 그 위험을 전가하는 행위가 만연하게 되었다. 결국 시장의 어느 누구도 자산의 안전성을 높이고 위험성을 줄이려는 노력을 하지 않으면서, 위험을 공유(risk pooling), 확산시키면서, 시장에서 거래되는 대부분의 부채담보부증권의 부실화가 더욱 빠르게 진행되는 금융위기가 현실화되었다.

한편 이러한 새로운 금융상품개발의 흐름은 최근 들어, 단순히 금융자산의 매매차익극대화 실현을 위한 동기와 함께, 사회적 공익과 연계된 각종 신종 금융상품들이 개발되고 있으나, 아직 보편화된 단계로는 보기 어렵다. 또한 이러한 사회적 공익과 연계된 일부신 금융상품개발 사례가 곧 모든 신종금융상품의 사회적 합리성을 보여주는 사례로 보기도 어렵다.[2]

최근 금융시장의 안정성을 교란한 또 다른 신금융상품의 사례

---

2 사회적 공익과 연계된 신종 금융상품의 최근 사례로는 영국 Peterborough시에서 발행된 Social Impact Bond이다. 2010년 9월, 약 17인의 투자자로부터 500만 파운드를 조성한 이 채권은 Peterborough시의 감옥 출소자들의 재범을 저지르는 확률이 영국평균보다 낮을 경우, 투자자들이 약속된 이윤을 실현하는 형식의 채권이다. 이러한 형태의 사회적 공익과 연관된 신종금융상품의 성공가능성은 많은 관심을 끌고 있으나, 아직 그 효용에 대한 경험적 자료는 부족한 실정이다. 즉 신종 금융상품이 사회적 합리성을 제고시키는 사례라고 보기에는 이른 상황이다.

로 거론되는 신용부도스와프(Credit Default Swap) 역시 채무기업이나
채무국이 지급불능위기에 처하여 부도가 발생할 경우의 위험을 대
비한 신용파생상품이다. 즉 채무자의 채무불이행 위험에 대하여 일
종의 보험료를 제3의 금융기관에 지급하고, 이 금융기관은 만약 채
무자가 채무를 불이행할 경우, 원금을 채권자에게 상환하는 계약을
체결하여, 채권자에게는 신용위험으로부터 보호해주고, 채무자에게
는 원활한 자금조달을 가능하게 하는 금융혁신으로 간주되었었다.
그러나 이러한 신용부도스와프 역시, 신용보증을 맡은 금융기관들의
부실한 신용심사 및 이 신용부도스와프 자체가 금융상품화되어 거
래되면서, 이러한 보증기관의 부실한 신용심사는 더욱 만연해졌다.
그 결과 부채담보부증권과 마찬가지로 부실금융자산을 확대하여 금
융위기를 촉발한 또 다른 요인으로 지목되고 있다.

　　이와 같이 부채담보부증권(CDO)이나 신용부도스와프(CDS)와 같
은 신종 금융상품들 모두 당초에는 채권자 및 투자자들의 위험을 감
소시키고, 채무자에게는 자금조달을 용이하게 하려는 목적으로, 경
제전반에 걸쳐 자본조달을 원활하게 해주려는 의도에서 개발되었다.
그러나 그 운용과정에서 자산의 건전성이 불명료한 신종 금융상품
이 다수 금융기관들간에 거래됨에 따라, 그 어떤 개인 및 개별기관
도 위험에 대하여 책임을 지지 않는, 소위 위험공유(risk pooling)현
상이 만연하게 되었다. 그 결과, 모든 경제주체들이 자산의 건실화
를 위한 최소한의 점검이나 노력도 하지 않는, 금융시스템과 경제전
반에 걸친 도덕적 해이가 만연하면서, 이러한 위험자산 가격에 거품
이 형성되었고, 그 거품이 꺼지면서, 동시에 금융시스템이 붕괴되는

위기에 직면하게 되었다.

즉 채권자의 위험을 감소시키며, 채무자의 자금조달 용이성을 높이기 위한 신종 금융상품이 결과적으로 그 금융자산의 건전성에 대하여 아무도 책임지지 않아도 되도록 설계될 경우, 그 신종 금융상품은 필연적으로 부실금융상품으로 전락하면서, 금융위기를 촉발하는 계기가 된다는 역사적 경험이 한 번 더 확인되었다.

한편 80년대 이래 신자유주의적 기조하에 금융기관들에 대한 감독과 규제가 무원칙적으로 철폐되기 이전까지는, 신종 금융상품이 항상 금융기관들의 도덕적 해이를 조장하여 금융위기를 초래하지는 않았으며, 오히려 금융시스템의 효율성을 높일 수 있었던 것도 사실이다. 금융상품 및 금융기법의 혁신의 역사는 일찍이 기원전 3000년경, 메소포타미아지방의 은행중개업에서부터 시작된 것으로 알려져 있다. 그 이후 1601년 네덜란드에서 주식이 거래되고, 1774년 역시 네덜란드에서 투자전문 뮤추얼펀드가 조성되는 다양한 신종 금융상품들이 일찍이 등장하였다. 그러나 이러한 신종 금융상품의 건전성 및 신뢰도에 대해 책임지는 주체가 분명하여, 도덕적 해이가 발생하지 않을 경우, 이러한 신종 금융상품은 채권자 및 투자자와 채무자 사이의 자금순환을 원활히 하는 순기능을 하여, 자본주의발달을 더욱 촉진하는 계기가 되었었다.

따라서 신종 금융상품 자체가 자본주의시스템의 효율성과 건전성을 해친다고 보기보다는 이런 신종 금융상품들이 투자자나 채무자간에 도덕적 해이를 초래할 수 있는지에 초점을 맞추어야 할 것이다. 한편 최근의 반복적인 금융위기 경험에서 확인되었듯이, 신종 금융상품이 설계되는 초기에는 비록 투자자나 판매자들간에 자산건전성 확보를 위한 노력을 게을리 하는 도덕적 해이를 방지할 수 있도록 설계되었다고 하더라도, 이러한 신종 금융상품이 거래되는 과정에서 당초 의도와는 다른 형태로 거래되는 과정과 그 속도를 제어하기 어렵다는 특징이 있다.

따라서 신종 금융상품들에 대한 무조적적인 규제보다는, 이러한 신종 금융상품이, 판매자 및 투자자들의 도덕적 해이를 통하여 부실화될 수 있는 가능성이 없으며, 또한 당초 예상치 못한 방식으로 거래되는 것을 방지하고, 또 그 거래규모와 속도를 조절할 수 있는 통제장치가 있을 경우에만 그 신종 금융상품 개발 및 판매를 허용하고, 또 사후적 규제감독을 하는 것이 필수적이라고 할 수 있겠다.

3. 자기파괴적 금융혁신: 신금융상품과 신금융기법의 위기

(1) 신용부도스와프(CDS)의 기능과 구조적 위기

금융혁신으로서의 신용부도스와프(CDS)의 기여와 그 폐해

2008년 미국발 금융위기 이후, 금융자본주의의 폐해, 특히 신금융상품의 폐해의 대표적 사례로 신용부도스와프(Credit Default Swap: CDS)가 자주 거론되어왔다. CDS란 CDS판매자가 CDS구입자에게, CDS구입자가 소유한 채권의 채무자가 지불불능상태에 빠졌을 때, 그 채권의

액면가로 지급할 것을 보증하여, 채권소유자의 위험을 보장해주는 신종 금융상품이다. 이 신용부도스와프는 얼핏 보기에는 채권소유주를 채권 채무자의 지급불능위기의 위험으로부터 보호해주는 일종의 금융보험상품처럼 보이지만 다음과 같은 면에서 기존의 보험상품과는 차이가 있다.

즉 기존의 보험상품의 경우, 보험가입자가 보험이 적용되는 자산을 직접 소유해야만 하지만, 신용부도스와프(CDS)의 경우, CDS구매자가 채권을 직접 소유하지 않아도 CDS를 구매할 수 있다. 이와 같이 보험이 적용되는 채권을 소유하지도 않은 자가, 채권을 부도위험으로부터 보장해주는 CDS를 구입하는 경우를 Naked CDS라 부른다. 이러한 Naked CDS를 구입하는 투자자는 CDS가 담보로 하고 있는 채권의 채무자가 지급불능에 빠지지 않을 경우, 약정기간 동안, 자산보험료에 해당하는 대금을 분기별로 지불한다. 한편 채무자가 지급불능사태에 빠지면, 시장에서 거래되는 CDS의 가격과 CDS의 액면가의 차이만큼 지급받게 되는데, 이것이 Naked CDS구매자의 투자이익이 되는 것이다. 따라서 이 Naked CDS구입자들은 채무자의 지급불능시 이익을 얻게 되는 만큼, 이 채무자의 지급불능사태를 단순히 기대할 뿐만 아니라, 만약 시장에 영향을 미칠 수 있는 시장지배력을 확보하고 있을 경우, 이익실현을 위하여 간접적으로 이 채무자의 지급불능사태를 초래할 수 있도록 영향력을 행사할 유인이 매우 크다. 더욱 주목해야 할 점은 CDS구매자들의 대부분이 이 Naked CDS의 구매자들이라는 점이다. 즉 CDS는 대부분 투기적 목적으로 금융거래를 하는 구매자들이 주된 고객이라는 점이다.

신용부도스와프(CDS)가 가지는 또 다른 위험요인은, 이 CDS의
발행 및 거래가 거래소에서 이루어지지 않을 뿐더러 그 거래사실 및
거래규모를 정부당국에 보고할 필요가 없다. 따라서 이 CDS에 의하
여 추가로 발생하는 금융거래규모 및 그에 따른 부실자산의 생성규
모를 정부가 파악하고 통제할 수 있는 방법이 없다는 점이다. 그 결
과 2007년 기준 발행액이 약 62조 달러에 달한 것으로 추정되는
CDS의 건전성을 확인할 수 있는 방법이 전혀 없었다는 점이다. 한
편 시장에서 거래되는 CDS의 가격은 이 CDS의 근거가 되는 채권을
발행한 기업 및 정부의 위험도를 추정하는 측도로 받아들여지기도
한다.

원론적인 입장에서 보면, 신용부도스와프는 채권소유주를 채무
자의 지급불능위험으로부터 보호하여, 궁극적으로 채권발행을 통한
자금조달의 원활성을 높이기 위한, 선의의 금융보험상품으로 이해할
수 있다. 또 이러한 장점을 부각시켜 매우 빠른 속도로 CDS의 유통
이 확대된 것이 사실이다. 그러나 이 신용부도스와프(CDS)가 전통적
인 보험상품과는 다음의 점에서 근본적으로 다르다.

첫째, 기존의 보험상품과는 달리, 이 CDS의 발행과 거래과정에
정부의 규제 및 감독은 전혀 작동하지 않는다는 점이다.

둘째, 전통적인 보험상품의 경우, 보험이 적용되는 자산을 소유
한 자가 보험에 가입하는 반면, 신용부도스와프의 경우, 그 근거가
되는 채권을 보유하지 않은 투기적 구매자들이 대부분을 차지한다
는 점이다.

세 번째 차이점은 전통적 금융보험기관의 경우, 보험이 적용되

는 자산의 일정부분에 대한 지급준비율이 강제되어, 일정부문의 유동성을 의무적으로 확보하고 있어야 한다. 이에 반해, 정부규제 밖에 있는 CDS판매자들은 CDS판매액, 혹은 근거 채권의 규모에 대한 의무 유동성보유비율이 적용되지 않는다. 따라서 실제 채권의 부도가 발생했을 경우, 이러한 부도발생시 채권의 액면가를 보장해주겠다는 약속을 했던 보증기관 스스로가 부도날 가능성이 매우 높아서, CDS 판매기관 자체의 대외지불능력 부족은 곧 금융시스템 전반의 마비를 초래할 가능성이 매우 높다. 바로 이러한 CDS의 부도에 의한 금융시스템의 마비가 얼마나 심각한 경제시스템 전반의 붕괴로 이어질 수 있는지는 2008년 미국발 금융위기에서 분명히 확인되었다.

네 번째 차이는, 보험상품의 경우, 특정위험이 발생할 확률적 개연성에 대한 분석을 통해 보험료를 추정하여 그 위험을 관리하지만, CDS에서의 위험관리란 단순히 또 다른 금융기관들에게 그 위험을 전가하는 형식의 거래를 통해서만 위험을 관리한다. 따라서 CDS 발행기관의 위험관리는 엄밀한 의미에서는 위험관리가 아니라, 단순히 위험전가라고 해석할 수 있다.

다섯 번째의 차이는, 전통적인 보험의 경우, 보험료가 특정 사건이 발생할 확률적 추정을 통하여, 기대자산가치와 보장되는 자산가치의 차이만큼의 보험료를 부과하지만, CDS의 경우, 이런 확률에 대한 고려는 없이, 단순히 CDS가 보장하는 기준자산들의 수익률을 고려하여 책정된다.

마지막 차이점은 전통적 보험상품의 경우, 이 보험계약의 해지는 보험가입자가 일방적으로 보험금 납입을 중단할 경우, 자동으로

계약이 해지되지만, CDS의 경우 CDS매입자가 그 계약해지를 위한 모든 절차를 수행해야 하며, 이 계약해지시, 바로 CDS의 시장가격에 의해 정산이 이루어지는 만큼, 투기적 이익 혹은 손실이 발생하게 된다.

신용부도스와프의 거래가 이루어지면, CDS판매자와 CDS구입자 상호간에 지급불능위험을 공유하게 된다. 즉 CDS구입자의 입장에서는 CDS판매자가 지급불능사태에 빠지면, CDS구입비로 지불했던 비용만큼의 추가적인 부담을 안게 된다. 반면, CDS판매자입장에서 CDS구입자가 지급불능사태가 발생할 경우, 그 판매된 CDS를 제3자에게 더욱 저렴한 가격에 양도하는 등의 추가적인 위험전가조치를 하게 되며, 이러한 추가적인 위험전가조치 역시 일정한 비용을 수반한다. 만약 미래에 이 CDS의 거래가 모두 공개적인 거래소에서 중앙결제시스템하에서 거래가 이루어진다면, 이와 같은 '거래 상대방 위험(counterparty risk)'은 제거될 수 있을 것이다. 한편 신용부도스와프가 유동성 위험을 동반할 경우, 서로에 대해 담보를 요구할 수 있으며, 이러한 유동성 위험의 정도가 추가로 요구하는 담보규모에 반영되기도 한다.

이러한 신용담보스와프(CDS)는 투기적 목적과 위험회피적 목적, 그리고 시세차익을 노린 목적으로 사용될 수 있으나, 현실적으로는 투기적 거래로서 가장 광범위하게 거래되고 있다. 투기적 목적으로 CDS가 거래되는 구체적인 형태는 다음과 같다. 즉 예를 들어 특정회사 A의 채권을 근거로 1억 달러규모의 CDS를 2년간 보장하는 조건으로 5%의 스프레드(spread)로 판매하는 B은행과 이 CDS를 구입하는 투기적 투자자의 경우를 살펴보자. 이때 스프레드는 지불 불능위험을 회피하는 일종의 보험료로 이해할 수 있다. 이 경우, CDS구매자는 매년 500만 달러의 스프레드를 지불하는데, 만약 A사가 지급불능사태에 빠지지 않는다면, 이 투기적 투자자는 총 1,000만 달러의 스프레드를 B은행에 지불하고, 이 스프레드는 B은행의 이익이 된다. 혹은 만약 A사가 지급불능사태에 빠지게 되면, B은행은 CDS를 구입하고 스프레드를 지불했던 투기적 투자자에게 액면가격인 1억 달러를 지급하기 때문에 투기적 투자자는 9,000만 달러의 투기적 이윤을 누리게 되고, B은행은 9,000만 달러만큼의 손실을 겪게 된다.

이 두 경우 모두, 투기적 투자자나 B은행 모두 CDS의 근거가 되는 A사의 채권은 보유하지도 않은 가운데, 다만 A사의 지급불능사태에 대한 가상적 투기상품으로서 이 CDS를 거래하는 것이다. 이러한 투기적 거래는, 실제 채권을 발행한 A사의 자금조달의 효율성에는 아무런 기여도 하지 않는 가운데, 단지 CDS판매은행인 B은행과 구입투자자들 사이의 투기적 거래에 지나지 않는다.

혹은 위와 같이 신용담보스와프 계약이 완료되기 이전에라도 차익실현을 통한 거래가 이루어질 수 있다. 즉 위와 같이 2년 만기의 CDS계약이더라도, 1년이 지난 뒤, CDS가 발행된 근거인 A사의 지급불능위험이 증가하여, 결과적으로 스프레드가 5%에서 15%로 상승한 경우, 투기적 목적으로 CDS를 구입한 투자자의 경우, 시세차익의 조기실현을 위하여 CDS를 중간매각할 수 있다. 이 경우, 2년계약의 CDS구입비용으로 1,000만 달러를 지불하나, CDS판매비용

은 1년 뒤 현재의 스프레드인 15%를 적용하여 1,500만 달러를 지급
받게 되어, 결국 500만 달러의 차익을 실현하게 된다. 즉 CDS계약
이 만기까지 다소의 불확실성이 존재할 때, 중간차익실현도 가능한
매우 유용한 투기자산으로서의 요건을 갖추고 있다. 마찬가지로 스
프레드가 계속 인하되고, A기업의 지급불능 가능성이 점차 줄어들
경우에도, 중간매각을 통하여 손실규모를 줄일 수 있다.

　실제 CDS거래시장에서는 미세한 스프레드의 변화에도 투기적
투자자들은 매우 민감하게 반응하여, CDS의 시장시세 및 스프레드
는 더욱 변동성이 커지며, 금융시장 불안을 가중시키는 요인이 되었
다. 더욱 심각한 것은, 전체 CDS거래의 80%를 상회하는 거래가 위
와 같은 투기적 목적의 Naked CDS거래라는 사실이다.

　위와 같이 CDS가 금융시장의 불안정성을 가중시키는 악영향을
고려하여 Naked CDS의 거래를 전면 금지시켜야 한다는 주장이 유
럽을 중심으로 제기되고 있으며, 심지어 투기적 거래를 주도해온 헤
지펀드사 회장인 George Soros조차도 Naked CDS는 시장의 안정을
교란하는 투기적 상품이기에 거래금지를 주장하였다. 즉 이웃집을
담보로 화재보험을 가입한 투자자들은 항상 이웃집에 화재가 나기
를 소원할 뿐만 아니라 간접적인 방화를 할 유인을 가지는 것처럼,
CDS투자활성화는 결국 금융시장의 붕괴를 앞당길 뿐이라는 주장이
다. 이러한 비판에 대하여, 전직 미국재무부 장관인 Geithner는
CDS가 금융시장에서 유동성공급을 늘리는 효과가 있다고 주장하고
있다. 또한 이 CDS는 금융시장에서의 경쟁을 유도하여 위험회피를
위한 비용을 인하하는 효과가 있다고 주장하기도 했다.

앞에서 살펴본 Naked CDS거래와 같은 투기적 거래가 전체 CDS거래의 80 이상을 차지하지만, CDS가 고전적 의미의 위험회피 목적으로 거래되기도 한다. 즉 은행이나 기타 채권소유기관이 자신이 보유한 채권의 채무자가 지급불능사태에 빠지는 위험을 회피하기 위하여, 보험차원의 CDS를 매입하는 경우이다. 한편 은행과 같은 대출기관들이, 자신의 채권을 항상 CDS와 같은 경로를 통하여 위험을 회피할 경우, 은행 등 대출기관들이 당초 대출을 할 때, 대출자들의 신용상태에 대한 면밀한 신용조사를 통하여, 회수가능성이 높은 건전한 대출 및 채권을 보유하려는 노력을 할 유인체계가 줄어들게 된다. 그 결과, CDS거래가 오히려 금융대출기관들의 자산건전화를 위한 노력수준을 줄여서, 금융시장 전반에 걸쳐 부실자산의 증가를 초래하는 결과를 낳았다는 비판이 제기되고 있다. 당초 금융기관들의 CDS구입 동기는 위험회피이지만, 이에 대해 CDS를 판매하는 재보험기관들이, 이 CDS가 근거로 하고 있는 원천자산인 채권의 건전성에 대한 면밀한 조사를 한 후 CDS를 판매하는 것이 아니라, 단지 투기적인 CDS매입자들을 겨냥하여, 역시 투기적 동기로 CDS를 판매하기 때문에, 당초의 위험회피역할보다는 위험을 계기로 투기적 자산거래를 확산시키는 역할을 하게 되었다.

또한 CDS거래가 거래소에서 공식적으로 이루어지는 것이 아니라 장외거래형태로 이루어지기 때문에, 이 CDS거래와 관련한 정부 규제나 통제가 어려워 CDS관련 부실자산이 더욱 확대되는 결과가 초래되었다.

| CDS의 위험성과 | 신용부도스와프(CDS) 거래가 가지는 위험의 원 |
| 구조적 위기 | 천은 CDS의 발행 및 판매 등 모든 거래과정이 |

등록된 거래소에서 이루어지는 것이 아니라 장
외거래 형태로 개인들간에 이루어지기 때문에, 그 거래의 투명성이
확보되지 않을 뿐 아니라, 거래에 이상이 발생했을 때, 당국의 규제
가 원천적으로 불가능하다는 점이다. CDS 등 금융파생상품을 옹호
하는 측에서의 주장은 CDS 스프레드는 채권의 안정성에 대한 시장
의 신호이며, 또한 이런 시장의 신호에 근거하여 자유롭게 채권
및 채권의 위험을 거래하는 것은 궁극적으로 시장의 효율성을 높여
준다는 주장이다. 그러나 이러한 주장이 설득력을 가지지 못하는 이
유는 80%를 상회하는 대부분의 CDS거래가 투기적 목적에 의해 이
루어지는, 자신이 보유하고 있지도 않은, 타인소유 채권의 위험에
대해 투기적 거래를 하는 Naked CDS이며, 따라서 이 스프레드가
투기적 동기에 의하여 조작될 가능성이 매우 높기 때문이다.

또한 CDS거래를 통하여 채권 채무기업의 도산위험에 대하여
보증을 해주는 CDS판매기관들이 채권의 건전성에 대한 면밀한 분
석을 하기보다는, 일단은 스프레드만큼의 수수료 이익을 확보하면
서, 다른 제3의 보증기관에 재보증을 받는 형식으로 또다시 위험을
이전하는 전략을 선택하여, 결국 부실채권의 위험을 회피하는 것이
아니라, 위험을 금융권전체로 확산시키는 역할을 하였다. 이러한 점
을 들어 Warren Buffett는 CDS를 포함하여 위험을 확산시키는 파생
금융상품들을 '대량살상용 금융상품무기'라고 부르기도 하였다.

그 구체적인 예로 리만브라더스사는 총 4,000억 달러규모의

CDS를 판매하였으나, 실제 금융위기가 발생했을 때 지급가능한 금액은 70억 달러에 불과한 가운데, 대부분의 CDS의 근거채권이 가격이 폭락한 부동산 담보부 부실채권이어서, 미국 금융시스템의 붕괴로 이어질 수밖에 없었다. 부실채권에 기반한 CDS를 대규모 매입한 Washington Mutual사와 이 CDS를 판매하며, 보증을 섰던 리만브라더스사, 그리고 또 이 리만브라더스사에 대해 재보증을 섰던 AIG사가, 대규모 부동산담보부 채권의 부실화에 따라 줄도산을 할 수밖에 없었다. 채무기업의 지급불능위험을 회피하기 위하여 만들어진 신용부도스왑(CDS)이 개별금융기관들의 자산건전화 노력을 해야 하는 유인 및 필요성을 줄인 결과, 모든 금융기관들에게 위험을 확산시킨 것이 CDS의 가장 큰 문제점이었다.

금융기관들의 자산건전화를 위한 노력을 감소시키는 형태의 파생금융상품은 그 자체가 금융시스템의 붕괴를 촉진하는 금융자산 부실화의 촉매제로서 기능을 할 수밖에 없다는 점이 지금까지의 금융위기 경험에서 확인된 가장 큰 교훈이다.

(2) 초단기 금융거래전략과 금융자본주의의 지속가능성

시장의 안정과 사회효용에 미치는 영향은 고려하지 않고, 투자자 개인의 이윤극대화를 추구하는 개인적 합리성에 기반한 여러 금융투자기법이 개발되면서, 최근 가장 큰 주목을 받고 있는 것은 초단기매매(High Frequency Trading) 전략에 기반한 투기적 금융거래전략이다. 이러한 금융상품의 초단기매매전략이 광범위하게 보급되게 된 배경은 무엇보다도 정보통신기술(IT)의 급속한 확산이라고 볼 수 있다. 단순히 거래결제수단이 전산화되었다는 것뿐만 아니라, 거래의 주체가 더 이상 실시간 투자전략을 결정하는 인격체인 투자자에 의하여 이루어지는 것이 아니라, 사전에 입력된 컴퓨터 프로그램에 의해 자동적으로 초단기매매가 이루어지게 된다.

초단기매매는 다음과 같은 특징을 갖는다. 첫째, 투자결정을 투자자가 하는 것이 아니라, 컴퓨터 알고리즘에 의해 자산거래를 하며, 둘째, 보통투자기간이 초단기에 거쳐 수초, 혹은 1초도 안 되는 기간에 매수 및 매도를 하며, 셋째, 매 거래일별로 실질적인 투자는 거의 없이 매우 작은 규모의 매매차익이라도 실현하는 초단기거래를 최대한 자주 실현하여, 일정한 수익을 창출하고자 하는 거래의 특징을 갖는다. 따라서 이러한 초단기매매전략에서는 기술적으로 가장 빠른 거래기법이 중요하며, 투자대상 자산의 건실성이나 장기적 유망성보다는 단순한 시장의 흐름을 분석하여, 다른 투자자들보다 조금 더 빠른 매수 및 매도를 통하여 시세차익을 실현하려는 투자전략이다.

일반적으로 투기적인 거래가 자산가격의 변화를 기대하거나, 혹은 자산가격의 조작을 통하여 매매차익을 실현하는 것에 비해, 즉 초단기매매(HFT)를 통하여 매매차익을 실현하는 경로는, 자산가격에 대한 합리적 혹은 투기적 예측이나 자산가격의 조작과 같은 최소한도의 합리적 판단에 기반한 것이 아니라 단순한 기계적인 초단기거래를 통하여 가능한 시세차익을 실현하려는 가장 낮은 차원의 매매차익실현을 위한 접근이다. 이러한 저급한 수준의 투기적 거래임에도 불구하고, 이러한 초단기매매(HFT)가 최근 많은 주목을 끌어 미국의 전체 주식거래에서 이 초단기매매가 차지하는 비중이 70%를 상회하고 있다.

또한 2010년 5월 6일, 미국 주가(Dow Jones Industrial Average지수)가 9% 가까운 폭락세를 보여 주가지수가 998.5points나 폭락한 주가 대폭락사건의 원인을 밝히는 과정에서 이 초단기매매가 주요 원인인 것으로 밝혀졌다. 이뿐만 아니라, 일상적인 자산가격 등락의 대부분이 이 초단기매매에 의한 자산가격 왜곡이라는 점이 부각되면서, 주식 등 금융자산의 초단기매매의 규제에 대한 논의가 국제적으로 확산되고 있다.

유가자산의 초단기매매의 확산과 거래비중

유가자산의 초단기거래는 1998년 미국 증권거래위원회(U.S. Securiteis and Excahnge Commission: SEC)가 주식의 전자거래를 허용하면서, 1999년부터 시작되었다. 21세기 초기에는 초단기매매(HFT)에 수 초 정도의 시간이 소요되었는데, 2010년경에는 초단기매매를 실행하는데 소요되는 시간은 100만분의 1초로 단축되었다. 또 2000년대 초에는 이 초단기매매에 의한 주식거래 비중이 약 10% 미만이었으나, 2010년경 미국의 경우, 초단기매매가 전체 주식거래건수의 73%가량을 차지하고 있으며, 유럽의 경우 40%, 아시아의 경우 15%수준에 달하고 있다. 거래금액측면에서 보면 2010년 기준, 미국은 전체 주식거래의 약 56%, 유럽은 38%에 달하는 것으로 추정된다.

이 초단기매매의 특징은 매우 많은 정보를 컴퓨터를 활용, 일시에 처리해서 투자전략을 도출한다는 점이다. 한편 어떤 정보를 어떻게 처리하는지에 대한 투자 알고리즘은 모든 초단기투자자들이 비밀로 하고 있어, 그 투자전략의 건실성 및 건전성에 심각한 의문의 여지를 남기고 있다. 대체로 초단기투자의 형태 및 특징별로 다음의 네 가지 유형으로 나눌 수 있다.

| 초단기매매의 주요형태 |

첫 번째 유형의 초단기 유가자산매매는 '시장조성형 초단기매매(Market Making Type High Frequency Trading)'이다. 이 시장조성형 초단기매매는 주식 등 유가자산의 거래시 투자자 및 판매자들간의 거래를 원활하게 해주는 역할을 해준다. 즉 시장조성자 혹은 시장중개인(market maker)들이 거래되는 주식을 직접 보유한 가운데, 특정주식에 대한 매수주문 및 매도주문이 나올 때, 이러한 각각의 거래주문에 대한 거래상대자 역할을 하면서, 결과적으로 시장중개인 입장에서 매도가와 매수가의 차액을 이익으로 실현하는 것이다.

한편 이러한 시장중개인으로서의 이윤을 결정하는 것은, 각각의 매도주문 및 매수주문이 들어왔을 때, 다양한 정보를 분석하여, 이러한 매도 및 매수주문을 최대한 신속히 수행하는 것이다. 동시에 각각의 매도주문 및 매수주문에 대하여, 시장조성자 혹은 시장중개인의 이윤을 극대화할 수 있는 목표 매수 및 매도가격을 분석하여, 이러한 목표매수 혹은 매도가격에 근거한 거래를 최단시간 내에 실현하는 것이 시장조성자들의 이윤을 결정하는 가장 중요한 요인이다. 그 결과, 최신 IT기술들을 활용한 최근의 거래속도는 건당 100만분의 1초 만에 거래를 수행할 수 있는 수준에 도달하였다.

이러한 시장조성형 초단기매매가 주식 및 유가자산시장의 시장안정성과 효율성을 높였는지 혹은 금융시장의 불안정성만을 증가시켰는가에 대해서는 많은 논란이 제기되고 있다. 이러한 시장조성자들이 사용하는 유가자산의 초단기매매(HFT)가 오히려 시장의 효율성을 높였다고 주장하는 입장에서는 이 HFT의 도입확산에 따라, 주식거래시장에서의 매수·매도가격간의 차이(bid-offer margin)가 낮아졌으며, 이는 곧 자산거래시장에서의 거래비용이 낮아진 결과로 해석할 수 있다는 입장이다. 또한 이러한 시장조성형 초단기매매가 자산거래시장에 유동성공급을 확대하여 자산거래시장의 활성화에 기여하였다는 점이 거론된다. 이렇게 시장조성형 초단기매매가 시장활성화에 기여했다는 긍정적 측면을 주장하는 근거는 이 초단기매매가 자산거래추이의 통계적 분석과 함께 자산시장의 미시적 구조를 고려한 알고리즘에 근거하여 거래가 이루어진다는 것이다.

그러나 실제에 있어, 초단기매매의 근거가 되는 알고리즘이 얼마나 시장의 구조적 특성을 잘 반영하고 있는지, 또 이러한 알고리즘에 의한 초단기매매의 활성화 자체가 시장에서의 거품형성을 촉진하고 기계적 거품형성을 확대재생산한다는 비판적 견해가 더욱 커지고 있다. 또한 이러한 비판적 시각에 대한 설득력 있는 반론이 제시되지도 못하고 있는 실정이다.

두 번째 형태의 초단기매매는 '주식시세표형 초단기매매(Ticker Tape Trading: TTT)'이다. 이 TTT(Ticker tape trading)는 시장의 거래

정보, 즉 주식의 거래가격 및 거래량에 대한 통계정보에 그 주식관
련 기업 및 주식의 미래가치에 대한 정보 등 거래전략도출에 필요한
모든 정보가 포함되어 있다는 전제에서 출발한다. 그래서 주식시세
표형 초단기매매는 과거의 주식거래정보에 대한 통계분석결과에 근
거하여 기계적으로 매매전략을 도출하는 알고리즘에 따라 유가증권
의 자동매입 및 매도를 하는 초단기매매전략이다.

　　이와 같이 모든 시장주체들에게 모두 알려진 정보인 거래정보
에 근거한 알고리즘이라는 차원에서 불법적인 요소는 없으나, 부가
가치가 높은 산업 및 기업에 더 많은 자본을 공급하여, 투자자의 이
익도 극대화하고 사회적 효용도 극대화하고자 하는 금융산업과 금
융투자의 본래적 취지와는 전혀 무관한 접근인 것은 사실이다. 즉
100만분의 1초 간격으로 주식가격의 변화가능성을 기계적으로 예
측하여, 이러한 시세변동에 근거한 시세차익을 노리는 컴퓨터에 의
한 초단기 주식거래는, 잠재적 부가가치가 높은 기업에 더 많은 자
원배분을 해주는 금융산업의 본질적 역할과는 전혀 무관한 거래전
략이다.

　　특히 이러한 초단기매매의 효과는 대부분 주식 등 자산가격의
변동성 확대 및 산업 및 기업의 펀드멘털과는 무관하게 자산가격의
왜곡을 심화시켰다. 이러한 점에서 주식시세표형 초단기매매 역시
자산시장의 효율성을 개선하기보다는 자산가격의 왜곡가능성을 높
이는 결과를 낳았다는 것이 지배적인 견해이다.

　　세 번째 초단기거래매매형태는 '특정사건기반 초단기매매(Event
arbitrage high frequency trading)'이다. 이는 역시 과거 특정 유형의

사건이 발생할 때 주식시장의 초단기 움직임 및 거래패턴에 대한 통계분석 결과에 근거하여, 유사한 사건이 발생했을 때, 알고리즘에 의한 자동 초단기매매를 하는 전략이다. 이 역시 특정사건들이 자산시장에 미치는 영향에 대한 논리적 분석결과에 바탕한 대응이 아니라, 단순히 기계적으로 주식가격의 초단기 변동추이를 분석하여, 초단기 주가변동을 예상한 초단기 투기적 거래를 유도하는 거래전략으로서, 앞의 두 가지 유형의 초단기거래에 대한 비판이 동일하게 제기되고 있다.

네 번째 초단기거래형태는 '통계적 차익실현을 위한 초단기매매(Statistical arbitrage high frequency trading)'이다. 유가증권들간의 거래형태에 대한 통계적 분석결과를 활용한 통계적 시세차익 실현을 위한 초단기매매전략은 유동화될 수 있는 모든 증권, 즉 주식, 채권, 선물 및 외환 등 광범위한 유가자산시장에서 사용되고 있다. 이러한 통계적 차익실현을 위한 초단기매매의 기본 프레임은 외환시장에서 전통적인 위험제거 이자율평가(covered interest parity)설에 근거한 외환거래전략과 동일하다. 즉 자산의 미래 위험 및 가치는 선물가격에 모두 반영되었다고 가정하고, 선물 및 현물간의 가격 및 거래규모에 대한 통계적 분석결과를 기초로 구축된 알고리즘에 의해 자산투자가 이루어진다. 위의 네 가지 초단기매매의 공통적 특징은 자산시장간의 매우 미세한 가격차이가 있더라도, 이러한 가격차이를 통한 시세차익실현을 위하여, 미세한 시세차익을 노린 극초단기 직접시장접근(ultra-low latency direct marke access)전략에 의하여 이윤창출을 추구한다는 점이다.

초단기매매의 영향 및 규제에 대한 논란 초단기매매의 영향에 대한 일부 실증연구결과에 따르면, 초단기매매를 수행하는 다수가 시장조성자(market maker) 역할을 담당하고 있기 때문에 결과적으로 이러한 초단기매매 자체가 자산거래시장에 유동성공급을 확대하는 효과를 낳은 것으로 전해진다. 또한 초단기매매자간의 경쟁심화로 매입 및 매도가격격차(Bid-offer spreads)가 축소되어, 결과적으로 자산거래시장의 거래비용이 줄어들었다고 주장한다. 또한 초단기매매의 알고리즘이 관련시장정보를 동시에 처리하므로, 관련시장간의 연계성을 높이는 효과도 초래했다고 주장한다. 한편 이러한 초단기매매의 긍정적 효과의 원천은 정보공유 및 매매처리의 신속성으로서, 이러한 초단기매매의 성패는 얼마나 기술적으로 매매처리를 신속히 하는가에 달린 만큼, 매우 빠른 매매처리 속도의 개선이 이루어졌다.

그러나 2010년 6월의 뉴욕증시 폭락을 위시하여 최근 주가불안정의 주요원인이 이 초단기매매가 초래한 시장불안정성 때문이라는 비판도 제기되고 있다. 이러한 비판에 대하여, 선물거래기업인 CME Group 등 관련기업들은, 증시폭락의 원인은 다른 곳에 있으며, 초단기매매는 오히려 시장의 안정성을 회복하는 데 기여하였다고 주장하고 있다. 한편 미국증권거래위원회(U.S. Securities and Exchange Commission)와 선물거래위원회(Commodity Futures Trading Commission)의 보고서에 의하면, 초단기 매매가 주가폭락의 주요원인이면서, 동시에 그 낙폭을 더욱 확대시키는 역할을 한 것으로 평가되고 있다. 즉 Waddell & Reed Financial이라는 뮤추얼펀드회사가 투자위험을 회피하기 위하여 41억 달러 규모의 선물매도주문을 내자, 이에 다수의 알고리즘에 근거한 초단기매매회사들이 자동적인 추가적인 매도주문을 내면서 현물주식까지 폭락하는 사태가 발생했다는 것이다.

이와 함께 이러한 시장불안정의 결과, 알고리즘에 의한 초단기매매업체들의 상당수가 거래정지 및 시장이탈을 하면서, 심각한 유동성부족현상이 더욱 악화되었다는 주장도 제기되고 있다. 즉 알고리즘에 근거한 초단기매매는 시장의 불안정성을 확대할 뿐만 아니라, 자산시장의 불안정화 및 위기 발생시, 유동성 공급부족을 더욱 악화시키는 역할을 했다는 것이다.

이와 함께, 이러한 초단기매매의 확산은 투자자들로 하여금, 초단기매매기술로 잘못된 투자 역시 초단기로 수정이 가능할 것이라는 막연한 믿음이 확산되면서 투자대리인들이 투자전략을 수립하는 과정에서 도덕적 해이가 증가하는 결과를 초래하였다.

II. 금융자본주의체제는 지속가능한가?

1. 금융자본주의의 체제안정성(regime stability)조건: 자기실현적 금융위기는 피할 수 없는가?

금융자본주의 체제의 안정성 및 지속가능성 논의에서 가장 큰 영향을 미친 논의는 금융자본주의는 그 구조적 특성상 항상 예측불가능한 위기에 빠질 수 있다는 '자기실현적 금융위기'이론이다. 금융시장의 붕괴, 특히 특정금융기관의 지급불능사태뿐만 아니라, 특정국 통화의 붕괴 및 대외지급불능사태는 채권자들 및 외환투자자들의 전략이 전략적 상보성(strategic complementarity) 때문에 항상 예측불가능하게 발생할 수 있다는 이론이다.

다음에서, Stephen Morris & H. Shin(1988)의 분석내용을 중심으로 자기실현적 금융위기의 발생원인 및 이에 대한 정책적 시사점을 살펴보기로 하자. 그 논지를 요약하면, 경제적 기반(economic fundamentals)에 대한 완전정보가 있을 경우, 외환투자자들의 투자전략이 서로 서로의 전략에 의하여 영향을 받는 전략적 상보성(strategic complementarity)을 보일 경우, 자기실현적인 통화공격(self-fulfilling currency attack)은 복수균형 전략으로 나타난다. 그 결과, 전혀 실물경제에 기반하지 않은 근거 없는 시장에서의 소문에 의해서 투자자들이 동요할 경우, 언제든지 외환위기는 발생할 수 있다는 것이다. 그 결과, 이와 같은 자기실현적 외환위기의 발생자체는 예측도 불가능하기에, 금융시장은 항상 예측불가능한 위기에 노출되어 있다는 것이 자기실현적 외환위기이론의 논지이다.

사실 1997년에 발생한 아시아 금융위기, 특히 한국의 금융위기는 전형적인 자기실현적 외환위기라는 의견이 지배적이다. 이는 같은 시기, 한국의 각종 거시경제지표 및 실물경제기반이 호주보다 훨씬 안정적이었음에도 불구하고, 호주 달러는 안정세를 유지했으나, 한국 원화는 투기적 공격이 있을 것이라는 시장의 소문이 확산되면서, 실제 한국원화에 대한 투기적 공격이 이루어져 결국 외환위기가 발생하였다는 점에서 전형적인 자기실현적 외환위기로 볼 수 있다.

한편 이와 같이 외환시장에서의 투기적 거래전략이 전략적 상보성을 보일 경우 나타나는 자기실현적 외환위기의 예측불가능성을 의미하는 복수균형의 문제가, 개별 외환거래자들이 실물경제기반에 대하여 완전정보를 가지는 대신, 다소의 부정확한 정보(noisy signal)를 가질 경우, 예측이 가능한 단일균형(unique equilibrium)으로 해결될 수 있음이 이론적으로 제시되었다. 또한 이 예측가능한 외환위기로서의 단일균형은 실물경제기반뿐만 아니라, 초단기 투기적 거래자금규모 및 투기적 거래비용 등과 같은 금융변수에 의해서도 영향을 받음을 보여준다. 따라서 이러한 자기실현적 외환위기의 발생가능성을 줄이기 위해서는 외환의 투기적 거래시 거래비용을 높여주는 토빈세제와 같은 정책개입 및 초단기 투기자본의 유출입에 대한 통제정책이 효과를 보일 수 있다는 정책적 시사점도 도출된다. 이러한 흥미로운 결과가 도출되는 이론모형분석의 세부적인 논의는 <부록1>에서 이루어진다.

2. 금융자본주의의 자기실현적 위기의 원인

앞에서는 자기실현적 금융위기의 구조와 이의 극복을 위한 정책적 시사점을 금융산업에서 투자자간의 전략적 상호작용의 특성을 통하여 살펴보았다. 이에 더해서 금융자본주의가 그 내재적인 구조적 특성에 의하여 자기실현적 위기에 봉착할 수밖에 없는 좀 더 근본적인 원인규명을 금융산업구조가 가지는 상보성(complementarity)이라는 특성에 초점을 맞추어 살펴보고자 한다.3

예측 불가능한 금융위기의 원인으로서의 금융거래전략의 상보성

금융시장에서의 거래전략은 다른 금융거래자의 전략에 영향을 받는다. 금융거래비용이 낮을 경우, 다른 거래자들과 동일한 전략을 선택하는 것이 합리적 전략이라는 금융거래전략의 상보성(complementarity)은 거시경제적 정책조정의 문제 및 산업조직론에서의 가격전략 및 제품선택전략에서도 흔히 발견되는 현상이다. 이와 같은, 금융자본주의에서의 상보성의 기본구조는 금융산업에서의 투자자의 투자전략의 가치는 다른 투자자들이 동일한 투자전략을 선택해줄 때, 그 가치가 높아진다는 것이다. 즉 금융시장에서의 다른 투자자들이 나와 다른 투자전략을 선택할 경우, 자신이 선택한 투자전략의 한계가치

---

3 전략적 상보성을 중심으로 금융자본주의의 내재적인 자기실현적 위기의 원인규명은 Xavier Vives, 2005, Complementarities and Games: New Developments, Journal of Economics Literature 43. pp. 437-479를 중심으로 살펴보고자 한다.

는 낮아진다는 것이다.

이러한 상보성의 문제는 전략적 상호작용이 발생하는 상황, 즉 전략적 상보성(strategic complementarity)이 발생하는 상황에서 더욱 분명히 그 중요성이 확인된다. 세계 주요패권국가간의 군비경쟁과 은행 및 다양한 금융기관들의 인출사태(bank run), 그리고 기업간의 R&D경쟁 및 기술채택전략에서도, 이 경쟁주체들의 전략간의 상보성이 최적전략을 결정하는 가장 주요한 역할을 하고 있다.

일례로, 금융기관의 인출사태의 경우, 금융기관의 유동성 확보 상황이 양호하더라도, 다른 예금주 및 채권자들이 특정은행이 지급불능사태에 빠질 위험이 있다는 잘못된 정보에 의해 예금인출을 시도하고 있을 경우, 자신도 예금인출을 하는 것이 위험최소화를 위한 합리적 전략으로 나타난다. 설령 결과적으로 예금인출의 계기가 되었던 정보가 잘못된 정보로 판명되고, 그 은행이 지급불능사태에 빠지지 않을 경우, 다른 예금주들을 따라서 예금을 인출했던 예금자에게 발생하는 비용이란, 단지 그 인출한 금액을 다시 예금하는 거래비용만 발생하기 때문이다.

마찬가지로 다른 기업들이 왕성한 R&D활동을 하거나, 혹은 특정기술을 채택할 경우, 경쟁기업들 역시 경쟁적인 R&D 및 기술전략을 구사하는 것이 합리적 전략이 되며, 특히 양의 망외부효과(positive network externality effects)가 발생할 경우, 기업들의 전략간 상보성은 더욱 강하게 나타나게 된다. 즉 경쟁기업이 신제품을 출시했을 때, 유사한 제품을 같이 생산할지 여부와 경쟁기업들이 특정지역에 입지했을 때, 같은 지역에 입지할지 여부 등의 문제도 모두 상보성과 관련된 문제이다.

이와 같이 금융자본주의체제의 가장 큰 특징인 금융거래전략의 상보성 때문에 금융시장의 균형이 복수균형의 형태를 취하게 되며, 이 복수균형(multiple equilibria)이란 곧 금융시장의 미래가 예측불가능하다는 것을 의미한다. 즉 최근 경험하고 있는 것처럼, 실물경제 기반과 무관한 다양한 형태의 금융위기가 예측불가능하게 빈발하고 있는 것이 바로 이 예측불가능한 복수균형의 전형적인 형태이다. 이와 같은 복수균형문제, 즉 상보성을 가진 전략에 의한 예측불가능한 미래의 문제는 상보성을 보이는 정치체제의 안정성 문제, 즉 정치혁명의 문제와 금융기관의 지급불능사태 및 특정국가의 대외지급불능 및 국가부도사태 등의 경우에도 모두 해당된다.

이와 같이 금융자본주의체제에 내재적인 복수균형으로 금융위기가 발생할 경우, 금융위기의 원인을 규명하기가 어려워진다. 즉 금융시스템의 붕괴가 예측불가능하게 나타나는 복수균형이 발생할 때, 이러한 금융시스템의 붕괴가 실물경제기반(economic fundamentals)의 문제에 의하여 발생하는 것인지, 혹은 실물경제기반과 무관한 자기실현적 금융위기(self-fulfilling financial crisis)인지가 구분되지 않는다는 점이다. 이와 같이 금융자본주의체제의 위기가 복수균형으로 나타날 경우, 그 원인에 대한 과학적 진단이 불가능하기 때문에, 금융위기를 예방하기 위한 과학적 정책도출도 불가능하다는 심각한 문제점이 제기된다.

지난 1997년 아시아외환위기가 발생했을 때, IMF를 필두로 많은 국제금융기관들과 경제학자들은 외환위기를 극복하고, 또 예방하기 위한 정책제안들을 쏟아내었었다. 그러나 그 결과는 오히려 외환위기를 더욱 악화시키는 잘못된 진단과 정책대안들이 대부분이었다는 평가가 나오고 있다. 즉 1997년 한국에 발생했던 외환위기는 투기적 금융거래에 의한 전형적인 자기실현적 유동성 위기였음에도 불구하고, 한국의 실물경제기반에 근본적인 문제가 있는 것으로 판단한 IMF가 매우 엄격한 긴축금융정책 및 긴축재정정책(austerity)을 강제하여, 결과적으로 한국의 외환위기를 더욱 심화시켰다는 비판이 제기되고 있다. 즉 이러한 긴축금융정책보다는 외국인투기자본의 투기적 공격에 대하여 수량규제를 포함한 좀 더 적극적인 정책대응이 필요했었다는 의견이다.

이와 같이 금융자본주의체제의 위기를 복수균형으로밖에 설명할 수 없을 경우에는, 이러한 금융자본주의체제의 위기의 원인에 대한 정확한 규명도, 또 그에 대한 효과적 대응책도 찾을 수 없다는 딜레마에 봉착하게 된다. 특정국가에 유동성위기가 발생했을 때, 유동성위기의 원인이 자기실현적인 금융위기인 경우에는 투기적 통화공격에 대한 적극적인 규제정책이 필요한 반면, 실물경제기반(economic fundamentals)의 문제에 의해 초래된 유동성 위기인 경우, 적극적인 경제구조개혁에 주력해야 한다. 이러한 상반된 정책방향에 대한 근본적인 진단이 가능하기 위해서는, 예측불가능한 복수균형상태를 예측가능한 단일균형상태로 전환하는 것이 선결과제이다.

이와 같이 금융위기와 관련된 금융자본주의의 체제위기와 관련해서 단일균형의 도출이 가능할 경우, 외환위기를 방지하기 위해 필요한 중앙은행의 외환보유고의 수준은 어느 정도인지, 또 은행의 지불준비금 기준이 어느 정도일 때, 대외지급능력에 대한 우려 및 그에 따른 대외지급불능사태에 대한 우려를 불식할 수 있을지 등 금융시스템 안정화를 위한 구체적인 정책대안을 도출할 수 있을 것이다.

위에서 살펴본 금융자본주의체제에서의 상보성에 의한 복수균형의 문제를 분석할 수 있는 이론적 틀로서는 전략적 상보성에 초점을 맞춘 Supermodular Game분석모형이 상보성이 작용하는 금융시장에 대한 엄밀한 분석을 가능하게 한다. 특히 예측 불가능한 복수균형을 예측이 가능한 단일균형으로 전환하는 균형정제(equilibrium refinement)뿐만 아니라, 동태적 게임 및 불완전정보 상황에 대한 분석도 가능하게 되며 그 이론모형분석의 자세한 논의는 <부록 2>에서 이루어진다.

Chapter_04

경제적 합리성의
철학적 근거

지속가능한 자본주의체제와 경제적 합리성
- 경제적 합리성에 대한 철학적 반성 -

I. 경제적 합리성이란 무엇인가?

2장 및 3장에서, 모든 인간은 자신의 효용을 극대화하기 위한 효율적 선택을 한다는 경제적 합리성 개념에 바탕한 자본주의, 특히 최근의 금융자본주의가 그 지속가능성이 매우 낮은 가운데, 자기파괴적 위기로 치닫고 있음을, 최근의 미국발 금융위기구조의 분석을 통하여 살펴보았다. 이제 이러한 자본주의, 특히 금융자본주의가 기반하고 있는 경제적 합리성 개념 그 자체가, 자본주의의 지속가능성을 보장해줄 수 없는 자기모순적 개념인지 여부에 대한 분석이 필요하다. 즉 지속가능한 자본주의체제의 가능성에 대한 탐색은, 결국 이러한 자본주의의 근간인 경제적 합리성개념의 지속가능성 분석으로 환원된다.

1. 합리성의 정의

경제적 합리성 개념의 체계적 이해를 위해서는, 먼저 합리성 개념의 보편적 외연에 대한 이해가 필요하다. 철학에서 정의하는 합리성이란 일반적으로 논리(論理, logic) 또는 이성(理性, reason)에의 적합성을 가리키는 개념으로서, 진리파악을 가능하게 하는 기준으로서의 논리적 일관성 및 사실 부합성을 내포한다. 즉 철학에서의 합리성이란 감각적 경험에 앞서 선험적으로 인간에게 보편적 진리파악을 가능하게 하는 논리적 일관성과 정합성을 의미한다. 이에 반하여, 경제학을 포함하여 사회학, 심리학, 정치학 등의 사회과학 부문에서는 일반적으로 개인 및 집단의 목적을 달성하기 위하여 최적의 선택(optimal choice)을 할 경우, 이러한 선택을 합리적 선택이라고 정의한다. 즉 최적성(optimality)을 합리성의 기본요건으로 이해하고 있다.

이와 같이 합리성이 최적성으로서 이해될 경우, 개인이나 집단이 가지고 있는 가치와 목표 그 자체는 문제시되지 않고, 다만 주어진 목표를 달성하는 방법 및 경로의 최적성만이 합리성의 기준이 된다.

2. 경제적 합리성 개념의 진화[1]

경제학이 학문으로서의 체계를 갖추게 되는 과정은 곧 경제학에서의 합리성 개념의 정착과 함께 진행되었다. 즉 18세기 경제학의 초기단계에서는 경제학은 도덕과학(moral science)으로서 행동과 믿음의 기반으로서, 개인주의적이며 또한 심리적이고도 규범적 개념으로서 합리성 개념을 발전시켰다. 19세기에 접어들어서는 경제학의

---

1 경제적 합리성과 경제학적 합리성의 개념은 엄밀하게 구분하자면 별개의 개념으로 볼 수 있다. 즉 경제적 합리성을 도구적 의미로서 효율적인 자신의 효용극대화 추구를 의미하는 좁은 의미의 합리성으로 정의하고, 반면 경제학적 합리성이란 경제학에서 의미하는 경제주체의 합리성에 대한 광범위한 정의를 포괄하는 것으로 구분할 수도 있다. 그러나 경제적 합리성을 단순히 효율적인 자신의 효용극대화로 정의하는 좁은 의미의 정의에 대하여 이론이 제기될 수도 있는 만큼, 본서에서는 두 개념을 구분하지 않고, 논의하도록 하겠다.

주된 관심이 개인주의적이고 심리적인 접근에서부터 사회전체의 효
용을 극대화할 수 있는 사회적 법칙으로서의 합리적 자원배분원칙을
찾는 것으로 옮겨갔다. 한편 20세기에서는 합리적 선택 및 합리적
결정의 엄밀한 과학적 조건을 규명하는 데에 관심이 집중되었다.[2]

경제적 합리성개념의 대체적인 진화는, 초기에는 개인주의적인
이기적 효용의 극대화개념으로 출발하였으나, 점차 일관성과 무차별
성과 같은 경제학적 합리성의 객관적 조건이 강조되었다. 최근에는
비경쟁적 시장에서의 전략적 행동특성까지 고려하는 합리성으로 그
개념이 확대되어 왔다. 또한 경제적 합리성이라는 개념의 정의자체
도 실증적 합리성(positive rationality)과 규범적 합리성(normative
rationality)으로 구분하기도 한다. 즉 경제주체들이 실제에 있어 합
리적 추론을 하는 과정에 대한 실증적 분석에 초점을 맞추는 접근과
올바른 합리적 추론이 되기 위해서는 어떤 조건을 충족시켜야 하는
지에 초점을 맞추는 규범적 분석으로 구분되기도 한다.

경제적 합리성 개념의 진화과정

경제적 합리성에 대한 분석적 논의는 John
Stuart Mill(1836)이 '경제학은 합리성과 같
은 가정에 근거한 추상적 과학'이라는 정의
와 함께 시작되었다. 즉 Mill은 경제학에서의 주장은 합리성과 같은
가정에 근거해서 추론된 추상적이긴 하지만 진리일 수 있는 근거를
갖춘 지식체계라고 보았다. 즉 이 추상적 가정과 같은 조건이 충족

---

2 경제적 합리성 개념의 역사적 전개에 대한 더욱 자세한 논의는 Daston(1983)과
   Samuelson(1947)을 참조하라.

된다면, 추상적 진리로서의 경제학은 현실에서도 진리일 수 있다고
주장하였다. 한편 20세기 들어와서, 경제학의 과학적 엄밀성이 강조
되면서 Lionel Robbins(1935)는 경제주체의 합리성과 같은 기본가정
은 단순하고도 부정할 수 없는 경험적 사실이며, 경제이론의 여러
명제(proposition)들은 이러한 자명한 가정으로부터 연역된 결과
(deduction)라는 입장을 보였다.

이에 대하여, Terence Hutchison(1956)은 경험적 뒷받침이 없
는 순수이론으로서의 경제학이론은 공허하며, 따라서 경제학은 광범
위한 경험적 방법론의 보완이 필요하다는 입장을 밝혔다. 또한 경제
적 합리성의 개념 역시 경험에 앞선 선험적 진리(a priori truth)라기
보다는 경험적 검증이 가능한, 이론과 실증적 기반이 종합적으로 갖
추어진 진리여야 한다고 주장하였다.

이러한 Hutchison의 주장에 대하여, Frits Machlup(1956)은 합
리성은 근본적으로 이론적 개념이며, 경험적 연구는 이러한 이론적
개념으로서의 합리성에 대하여, 그 용용가능성(applicability)에 대한
평가를 할 수는 있겠지만, 경험적 연구가 이론적 개념으로서의 합리
성에 대한 완전한 증명(complete verification)을 할 수는 없다고 주장
하였다. 또한 Machlup은 좀 더 현실적인 가정에 근거한 논의의 중요
성을 강조하면서, Hutchison과 함께 경험적 근거의 중요성을 인정하
였다. 그러나 Machlup은 경험적 분석은 경제학적 분석의 기초적 가
정 혹은 전제의 타당성에 대한 검증으로서는 큰 의미를 가질 수 있
으나, 이를 넘어서서 모든 경제이론의 진위를 구분하는 기준이 될 수
는 없다는 입장을 견지하여, Hutchison과는 분명한 차이를 보였다.

한편 Milton Friedman(1953)은 경제이론의 타당성은 그 경제이론이 근거하고 있는 전제나 가정의 신뢰성에 의존하기보다는, 그 이론이 미래에 대하여 얼마나 정확하고도 신뢰할 만한 예측력을 가지는가에 의하여 결정된다고 주장하였다. Friedman은 경제이론의 주요 요건으로서 논리적 일관성, 경험적 근거, 단순성과 설명력 등을 들었으나, 가장 중요한 것은 미래에 대한 정확한 예측력을 가지고 있는가 여부에 의하여 경제이론의 가치가 결정된다고 주장하였다. 즉 경제이론의 신뢰도는 합리성이라는 가정보다는 그 경제이론이 얼마나 많은 경제현실에 대한 설명력과 또 예측력을 보여주었나에 의해 결정된다는 주장이다.

위와 같은 Friedman의 주장에 대해, Herbert Simon(1963)은 개별경제주체들의 경제적 의사결정의 원칙, 즉 합리적 의사결정원칙을 밝힐 수 있으면, 이러한 개별경제주체간의 상호작용의 결과 나타나는 시장의 균형도 연역적으로 밝힐 수 있다고 주장하였다. 또 개별경제주체들의 행동원리는 합리적 의사결정이라는 선험적 가정뿐만 아니라, 경험적 연구를 통하여서도 밝힐 수 있으며, 이렇게 경험적으로 타당한 개별경제주체들의 행동원리들을 바탕으로, 시장의 균형을 밝힐 수 있음을 보여주었다. 또한 개별경제주체들의 상호작용의 과정 역시 경험적으로 분석할 수 있다고 주장하였다. 이때, 경험적 연구결과가 경제주체의 합리성 등 여러 이론적 가정들을 지지할 경우, 합리성과 같은 이론적 가정에 근거하여 도출된 이론분석결과들도 경험적 분석결과와 마찬가지로 타당하다는 입장이다. 따라서 Simon에게는 경제이론에서의 가정과 전제가 현실에 대한 경험적 분

석과 동일한 것이 매우 중요하며, 현실과 다른 가정과 전제에 기반
한 경제이론은 잘못된 이론이라는 입장을 견지하였다.

합리적 선택과 기대효용이론에서의 경제적 합리성 개념

기대효용이론에서는 경제적 합
리성이란 각자 가진 주관적 확
률에 근거해서, 베이지안 학습
과정을 통하여, 기대효용을 극대화하는 행동원칙으로서 정의되었
다.3 이러한 기대효용이론에서의 경제적 합리성은 Hume의 도구적
합리성 개념에 기반하고 있다. 즉 합리성의 기반인 이성은 목적을
달성하기 위하여 사용되는 수단으로서 이해되었다.

그러나 이러한 도구적 합리성 개념에는 몇 가지 논리적 문제점
들이 내재한다. 이러한 도구적 합리성 개념이 전제로 하고 있는 선호
의 완전성(completeness)과 이행성(transitivity)이 항상 보장되는 것이
아니라는 점이다. 즉 선호의 완전성에 대한 전제는, 여러 재화 중 무
엇을 더 좋아하는지가 변하지 않고 분명하다고 가정한다. 그러나 현
실에 있어서는 경제적 선택이 이루어지는 환경 및 구조에 따라, 선호
가 다르게 나타나거나, 또 불명료하기도 하여, 선호의 완전성이 항상
보장되는 것이 아니라는 점이다. 서로 다른 재화들간의 선호체계가
일관성을 가진다는 선호의 이행성 역시 후회이론(regeret theory)에
의하면 항상 성립하지 않을 수도 있다. 또한 개인들의 합리적 선택들
이 집합적으로 이루어질 때, 개인들의 집합인 사회전체적 차원에서

---

3 기대효용이론에서의 합리성개념에 대한 자세한 논의는 Sugden(1991)을 참조하라.

합리적 자원배분이 이루어지지 않음이 Arrow의 불가능성 정리 (impossibility theorem)에 의하여 확인되기도 하였다.

전략적 합리성
: strategic rationality

비경쟁적 시장에서 경제주체들간의 전략적 상호작용이 이루어지는 상황에서의 내쉬균 형은 개별경제주체들의 합리성뿐만 아니라, 이러한 개별경제주체들이 합리성을 갖추고 있다는 사실을 모두가 동일하게 알고 있음을 전제하고 있다. 즉 모든 경제주체가 전략적 상호작용의 구조에 대하여 완전하고도 동일하게 이해를 하고 있으며, 또한 서로 서로의 합리성에 대해서도 완전한 이해를 하고 있다고 가정하고 있다.

그러나 게임이론에서 가정하고 있는 이러한 내쉬균형 및 내쉬균형이 가정하고 있는 합리성개념은 다음과 같은 차원에서 자기모순적 측면을 가진 것으로 지적되고 있다.4 즉 Folk theorem에 의하면 무한반복게임에서 할인인자(discount factor)가 충분히 높을 경우, 두 경제주체간의 어떠한 형태의 보수체계도 내쉬균형이 될 수 있다는 복수균형(multiple equilibria)의 문제가 발생한다. 또한 유한반복게임 등 다양한 게임에서는 직관적으로 수용될 수 없는 균형이 다수 존재하여, 합리성에 기반한 내쉬균형개념이 매우 취약하다는 문제점들이 제기되고 있다.

4 이러한 내쉬균형의 자기모순적 측면에 대한 세부논의는 Sent(2004)를 참조하라.

합리적 기대이론과 경제적 합리성

합리적 기대가설에서는 모든 민간경제주체들은 정책결정자들과 동일한 정보수준과 미래의 균형에 대한 합리적인 예측과 의사결정을 할 수 있다고 가정하고 있다. 따라서 정책결정자들은 민간경제주체들에 비하여 우월한 정보체계 및 합리성을 가지고 있는 것으로 가정하고 있는 케인즈 이론과 또 케인즈 이론이 주장하는 정부의 경제정책개입효과는, 합리적 기대이론에서는 원천적으로 불가능하게 된다. 한편 이러한 합리적 기대이론자체도 자체적인 모순을 보이고 있다. 즉 모든 경제주체들이 합리적 기대를 가지고 있다면, 민간주체들간에도 어떠한 거래나 교역도 있을 수 없다는 것이다. 거래와 교역이 이루어진다는 것은, 민간주체들간의 정보체계가 서로 다르다는 것을 전제로 하기 때문이다. 또한 정부정책결정자들과 민간경제주체들이 모두 동일하고도 대칭적인 정보체계를 갖고 있는 상황에서는 어떠한 형태의 정책효과도 있을 수 없다. 그렇다면, 아무런 변화도 영향도 미칠 수 없는 경제체계를 연구하는 것 자체가 무의미하다는 모순적 결론이 도출되게 된다.[5]

3. 경제적 합리성의 정의

앞에서 살펴보았듯이, 합리성(rationality)에 대한 사전적 정의에

---

5 이러한 합리적 기대이론의 정책개입 무용론에 대한 세부논의는 Sargent(1984)를 참조하라.

의하면 '일반적으로 논리(logic) 또는 이성(reason)에의 적합성을 가리키는 개념이나, 사회과학에서는 어떤 행위가 궁극적 목표 달성의 최적 수단이 되느냐의 여부를 가리는 개념'으로 정의되고 있다. 사이먼(H. A. Simon)은 합리성의 개념을 실질적 합리성(substantive rationality)과 절차적 합리성(procedural rationality)으로 나누어, 실질적 합리성은 목표에 비추어 적합한 행동이 선택되는 정도를 의미하고, 절차적 합리성은 결정 과정이 이성적인 추론(reasoning)에 의해 이루어졌을 때 충족되었다고 말할 수 있다. 또한 만하임(K. Manheim)은 합리성을 기능적 합리성(functional rationality)과 실체적 합리성(substantive rationality)으로 나누고, 기능적 합리성이란 조직 목표 달성을 지향하는 목표 지향적이고 일관성 있는 행태의 속성을 말하는 반면 실체적 합리성이란 개개인의 목표 달성을 지향하는 행태의 속성을 말한다고 구분했다.

위와 같은 합리성 일반에 대한 사전적 정의에 더하여, 경제적 합리성에 근거하여 이루어지는 합리적인 경제적 행동에 대한 정의 및 논의를 살펴보면 다음과 같다. 주류경제학에서 가정하는 합리적인 행동이란 '자신의 효용을 극대화하기 위한 가장 효율적인 행동'으로 정의되며, 이는 Harsanyi의 다음과 같은 고전적 정의에서도 분명히 드러난다:

"경제적 합리성 혹은 합리적 행동에 대한 정의는, 실제에 있어 인간들이 어떻게 행동하는가에 대한 실증적 이론(positivistic theory)이 아니라, '각자의 효용을 극대화할 수 있는 최적의 행동이어야 한다'는 점에서 규범적 이론(normative theory)이다."6

　이 정의가 보여주는 것은 경제적 합리성에 대한 논의는 경제주
체들이 선택한 경제적 행동 및 경제적 선택에 대한 실증적 분석 및
설명을 통하여, 인간행동의 원리를 밝히려는 시도라는 것이다. 즉
인간의 실질적인 선택의 결과로 인간행동에 경험적으로 나타난 합
리성은 개개인의 개별적 행동에 있어서는 예외가 있을 수 있으나,
전반적으로 합리적 선택의 결과로 일반화할 수 있다는 접근이다.

| 합리성의 조건과 개인의 | 경제적 합리성, 혹은 합리적 행동을 자신 |
| 효용극대화: 이기적 동기 | 의 효용을 극대화하고자 하는 효율적 행 |

동이라고 정의할 때, 미래에 실현될 효용
을 위한 현재의 효율적 행동으로서의 합리적 행동은 불가피하게 미
래의 불확실성에 노출되게 된다. 즉 불확실성에 노출된 가운데에서
의 합리적 행동에 대한 이해를 위한 사전적 분석으로, 불확실성에
노출되지 않았을 때의 합리적 행동의 특징을 먼저 살펴보고자 한다.

　고전경제학적 합리성의 개념에 의하면, 확실성하에서의 합리적
행동이 보이는 첫 번째 특징은 내적 일관성(internal consistency)이
다. 즉 합리적 경제주체들이 보이는 특징은 경제적 선택 및 행동의
일관성을 보여줄 수 있는 선택의 완전성(completeness)과 이행성
(transitivity)을 가지고 있다는 것이다.7 전통적인 주류경제학적 입장

6　Harsanyi(1977), Rational Behavior and Bargaining Equilibrium in Games and
　Social Situations, Cambridge University Press, p. 16.
7　경제적 선택의 '완전성(completeness)'이란, 예를 들어, X와 Y라는 두 가지 경제적
　선택이 주어졌을 때, 합리적 경제주체는 자신이 X를 더 좋아하는지, 혹은 Y를 더 좋아

에서의 합리성은 주로 이러한 경제적 선택의 완전성과 이행성에 초
점을 맞추어왔다.

확실성하에서의 경제적 합리성에 대한 두 번째 접근으로는, 결
국 각각의 경제주체들이 자신의 효용극대화를 위한 최적의 선택
(reasoned pursuit of self-interests)을 한다는 설명이다. 달리 표현하
면, 야수적 이기성에 기반하여 효율성을 극대화하는 노력이라는 것
이다. 즉 경제적 합리성이란 이기적인 자신의 효용극대화를 추구하
는 일관된 원칙으로, 이러한 경제적 합리성에 기초한 인간에게는,
자신의 이기적 욕구를 충족시키기 위함이 모든 행동의 기본적인 동
기로 작용하고 있다는 견해이다. 흔히들 이와 같이 경제적 합리성이
란 이기적 동기의 행동원리라는 견해가 경제학의 시조인 아담 스미
스 (Adam Smith)에 그 기원을 가지고 있는 것으로 생각하고 있다. 그
러나 정작 아담 스미스의 도덕론에 의하면 이러한 견해는 아담 스미
스에 대한 오해에서 비롯됨을 알 수 있다.

| 이기적 동기에 의한
선택과 일관성 | 합리적 행동이란 이기적 동기에서 자신의 효 |

합리적 행동이란 이기적 동기에서 자신의 효
용을 극대화하기 위한 행동이라는 정의는 인
간의 행동을 분석적으로 설명하기에 적절한
정의이다. 인간의 합리적 행동을 이와 같이 이기적인 최적화행동으

하는지 분명하고도 완전하게 알고 있다는 것으로 다음과 같이 표현된다:

$x, y \in X, \; x > y \; or \; y > x$

다음으로 경제적 선택의 '이행성(transitivity)'이란 모든 행동과 선택의 일관성을 의미
한다. 즉 X를 Y보다 선호하고, 또한 Y를 Z보다 선호할 경우, 합리적인 경제주체는 당
연히 X를 Z보다 선호한다는 것으로 다음과 같이 표현된다:

$x, y, z \in X, \; if \; x > y \; and \; y > z, \; then \; x > z$

로 정의하는 것은, 경쟁적 시장균형에서 파레토최적상태와 같은 최적상태를 찾고, 또 정의하는 데 매우 큰 의미를 가진다.8

특히 후생경제학의 제1정리에 의하면, 외부경제효과가 발생하지 않을 경우, 모든 경제주체가 자신의 효용을 극대화시키는 완전경쟁적 시장균형상태는 곧 사회전체의 후생을 극대화하는 파레토최적(Pareto optimality)상태이다. 또한 후생경제학 제2정리에 의하면, 역시 외부경제효과가 없는 가운데 규모의 경제효과도 없을 경우, 일정한 가격과 자원배분상태에서는 모든 파레토최적상태는 곧 완전경쟁적 시장균형상태이다.

이와 같이, 경쟁적 시장균형상태와 파레토최적상태가 서로 부합할 수 있는 것은, 바로 개인들의 행동이 이기적 동기에 의하여 이루어질 때 그 효율성이 극대화되는 것처럼, 사회전체가 그 이기적 효용극대화를 달성하는 상태가 바로 파레토최적의 상태이기 때문이다. 즉 모든 경제주체가 시장의 질서를 수용한다는 차원에서 가격수용자(price-taker)이며, 외부경제효과(externality)가 없을 경우, 경쟁적 시장균형상태와 파레토최적상태의 동시 성립을 가능하게 하는 것이 바로, 자신의 효용을 극대화하고자 하는 이기적 동기에 의한 경제적 합리성인 것이다.9

경제적 합리성의 주요한 요건으로서의 일관성(consistency)은

---

8 파레토 최적(Pareto Optimum)상태란 누군가의 효용을 줄이지 않고서 다른 사람의 효용을 증대할 수 없는 상태, 즉 사회전체적인 효용이 극대화된 상태를 의미한다.

9 외부경제효과(externality)란 특정인의 경제적 행동과 선택이 제3자에게 영향을 미치고도 그에 대한 적절한 대가가 지불되지 않는 상태를 의미한다. 즉 제3자에게 부정적 영향을 미치고도 그 피해에 대하여 아무런 보상이 이루어지지 않은 경우가 '음의 외부효과(negative externality)'이며, 그 반대의 경우가 '양의 외부효과'이다.

필요조건이지 충분조건이 될 수 없음은, 자신의 효용을 극대화하기
위한 이기적 동기로서의 일관성뿐만 아니라, 이타적 동기로서의 일
관성도 가능하기 때문이다. 이와 같이 경제적 선택의 이기적 특성과
일관성과의 관계를 잘 연결해주는 개념이 '현시선호이론의 약공리
(Weak Axiom of Revealed Preference)'이다.

II. 개인적 합리성과 사회적 합리성

1. 개인적 합리성과 집단적 합리성

개인적 합리성을 개인의 효용을 극대화하는 효율적 선택으로 정
의할 때, 이러한 개인적 합리성을 실현하는 것은, 주어진 선호의 체계
를 고려하여 효용을 가장 높여줄 수 있는 선택을 통해서 가능하다. 그
러나 집단적 효율성(collective rationality)은, 그 집단을 구성하는 개개
인들 간의 선호체계가 서로 다를 경우, 어떠한 선택이 집단의 효용을
극대화하는 선택이며, 또 이때 개개인들의 선호의 특성을 얼마나 반
영하여야 할 것인가라는 점에서 많은 문제점에 봉착하게 된다.

집단적 합리성과 사회적 선택
: collective rationality and social choice

개인적인 선호도의 순위가 $(R_1, \cdots, R_i)$으로 주어졌을 때, 이에 대응하는 사회적 선호체계도 $F(R_1, \cdots, R_i)$로 주어지는 경우, 이 일대일 대응함수를 사회후생함수(F)라고 할 수 있다. 이와 같이 사회후생함수가 주어진다면, 집단적 합리성이란 바로 이 사회후생수준을 극대화하는 선호체계를 선택할 때 달성된다. 그러나 현실에 있어, 개인적 선호체계와 함수적 관계를 가진 사회적 선호체계로 나타날 수 없기 때문에, 사회후생함수 개념자체에 대해 많은 문제제기가 이루어지고 있다.

Arrow(1951)는 사회후생함수가 개인적 선호를 포괄하기 위해서는 다음의 네 가지 조건들이 충족되어야 한다고 하였다.

첫째, 사회후생함수는 모든 개인적인 선호체계의 모든 가능한 경우를 포함해야 한다(universal domain: U). 둘째, 만약 모든 개인들의 선호체계가 특정 선택을 다른 선택보다 선호한다면, 사회전체의 선호체계도 그 특정선택을 다른 선택보다 선호해야 한다(Pareto principle: P). 셋째, 특정 선택에 대한 사회적 선호체계는 동일한 선택에 대한 개인들의 선호체계에 대해서만 영향을 받으며, 개인들의 다른 선택간의 선호체계에 대해서는 전혀 영향을 받지 않는 독립적 관계를 유지해야 한다(independence of irrelevant alternatives: I). 마지막으로 특정 개인이 사회전체의 선호체계를 결정해서는 안 된다(non-dictatorship: D).

한편 Arrow는 불가능성 정리(Impossibility Theorem)를 통하여 개인적 합리성과 집단성 합리성이 양립할 수 없음을 보여주었다.

즉 위에서 살펴본 집단적 합리성의 네 가지 조건들이 동시에 성립하는 것은 원천적으로 불가능하며, 이는 사회가 모든 개인들의 합리성의 조건을 동시에 충족하는 것이 불가능하기 때문이다. 이와 같은 Arrow의 불가능성 정리와 관련하여, 사회적 선택이론이 추구하였던 두 가지 노력 중 첫째는 집단적 합리성을 충족하기 위한 3개의 조건을 충족할 수 있는 현실적 조건을 규명하고자 하는 노력이었다.

  당초 Arrow는 모든 다양한 조합의 개인적 선호체계에 대하여 다수결의 원칙에 근거하여 집합적 선호체계를 도출할 경우, 항상 일관성 있는 선호체계의 기본요건인 이행성(transitivity)조건이 충족되지 않음을 보여주었다. 한편 모든 개인들의 선호체계를 일관성 조건(single peak condition)을 충족시키는 선호체계로 국한할 경우, 개인적 선호체계의 집합으로서의 사회적 선호체계도 일관성을 갖추어, 궁극적으로 집단적 합리성 조건을 충족시킬 수 있음이 확인되었다.10

  Arrow의 불가능성정리에 의한 집단적 합리성의 도달불가능성에 대하여, 집단적 선호체계의 완전성과 이행성 조건을 완화할 경우, 이러한 집단적 합리성의 원천적 불가능성을 회피할 수 있을 것이라는 기대에 근거한 논의들이 제기되었다. 그러나 집단적 선호의 완전성과 이행성에 대한 조건을 다소 완화하더라도, 모든 개인들의 선호의 합리성을 집단적 차원에서 일관성 있게 구현하는 것은 불가

---

10 이와 같은 집단적 합리성의 성립요건에 대한 세부적 논의는 Gartner(2002)를 참조하라.

능한 것으로 밝혀지고 있다.[11]

집단적 합리성과 전략적 행동 및
사회총수요와의 관계

개인적 합리성과 집단적 합리성의 관계를 분석함에 있어, 시장지배력을 가진 개인들간의 전략적 상호 작용이 가능한 경우에는, 비록 집단이나 사회의 선택을 강제하는 독재자가 없을 경우에도, 사회적 선택뿐만 아니라, 개인적 선호와 사회적 선호의 함수관계자체가 조작되어, 결국 사회전체의 효용을 극대화하는 집단적 합리성이 실현될 수 없음이 Gibbard – Satterthwaite 불가능성 정리에 의하여 밝혀진 바 있다.[12]

개인적 합리성이 실현되더라도, 이러한 개인적 합리성이 집단적 합리성을 보장할 수 없다는 논지는, 개별수요함수의 총합으로서 도출된 사회총수요함수가 사회효용 극대화를 가능하게 해주는 안정성과 규칙성(regularity)을 가지지 못한다는 점에서 제기되기도 한다. 즉 Debreu – Mantel – Sonnenschein 정리에 따르면, 개별수요함수는 개인들의 효용을 극대화하는 개인적 합리성의 결과로 도출되지만, 이러한 개별수요함수의 총합으로서의 사회총수요함수는 사회총효용 극대화를 가능하게 해주는 집단적 합리성이 실현된 결과가 아니라는 것이다. 그러한 현실에서는 개별수요함수가 개인의 효용극대화를 가능하게 하는 합리성이 결여된 경우에도, 사회총수요함수는

11 이처럼 집단적 선호체계의 완전성과 이행성 조건을 다소 완화하더라도, 집단적 선호체계의 합리성조건이 충족될 수 없음에 대한 세부논의는 Sen(1995)를 참조하라.
12 이 Gibbard-Satterthwaite 불가능성 정리의 자세한 내용은 Gibbard(1973) 및 Satterthwaite(1975)를 참조하라.

오히려 사회적 효용극대화에 가까운 결과를 초래한다는 경험적 연구결과가 나오기도 하였다.13

개인적 합리성과 집단적 합리성의 조화
: 사회적 존재로서의 개인

기존의 사회적 선택이론에서는 개인적 합리성이 사회적 합리성을 보장해주지 못한다는 점이 강조되었었다. 또 합리적인 개인들이 모인 사회에서의 사회적 선택은 그 자체로서는 합리성을 보장받을 수 없으나, 이러한 사회가 단순한 개인의 집합체일 뿐만 아니라 사회적 특성 혹은 사회적 힘(collective power)이 그 사회를 구성하고 있을 경우, 집단적 합리성 혹은 사회적 합리성이 구현될 수 있을 것이다. 또한 비록 개인들은 합리성을 실현하지 못하더라도 사회적 합리성 혹은 집단적 합리성이 실현될 수도 있다.

이러한 맥락에서, Buchanan은 개인적 합리성만을 강조하는 개인주의적 접근에서는 모든 가치는 개인에서 유래하며, 집단 혹은 사회라는 개념에는 본래적 가치가 없다는 철학적 신념에 근거하고 있기 때문에, 사회적 합리성이라는 개념자체가 성립되지 않는다고 지적한 바 있다.14 그러나 집단 혹은 사회가 그 자체로서 유기체적 가치를 가지는 독립적 실체로 간주될 경우, 이러한 독립적인 실체로서의 사회적 가치를 극대화하는 사회적 합리성이 실현될 수 있는 기반

13 Debreu-Mantel-Sonnenschein 정리의 세부내용은 Debreu(1974), Sonnens-chein(1973)을 참조하라.
14 Buchanan 주장의 세부내용은 Buchanan(1954)를 참조하라.

이 확보된다.

한편 개인주의적 철학과 개인적 합리성 개념에 기반한 게임이론에 의하면, 모든 인간들의 행동과 선택은 정보제약이 없을 경우, 항상 개인의 합리성에 근거하여 설명이 가능하다. 또한 그런 맥락에서, 반복되지 않는 게임에서의 개인적 합리성은 항상 죄수의 딜레마의 경우와 같은, 모두가 낮은 수준의 효용을 얻게 될 수밖에 없다고 주장한다. 그러나 실제 현실에 있어, 인간들은 이와 같이 개인적 합리성에 기반하여, 죄수의 딜레마에 나오는 내쉬균형전략을 선택하는 것이 아니라, 놀랍게도 일회성게임임에도 불구하고 협조적 전략을 매우 빈번하게 선택하게 됨을 다양한 실험결과가 보여주고 있다.15

유기적인 사회 혹은 집단을 하나의 독립된 실체로 간주하는 것은 유기적인 사회 혹은 집단은 단순한 개인들의 집합이 아니라, 집단 혹은 사회의 구성원으로서의 개인은 단자적인 개인(monadic individual)과는 다른 사회적 존재로서의 새로운 선호체계를 가지게 됨을 의미한다. 즉 단자적 개인의 선호체계와 사회적 존재로서의 개인의 선호체계는 전혀 다르게 되며, 이러한 사회적 존재로서의 개인의 선호체계에 근거할 때, 사회적 합리성은 실현될 수 있게 된다. 사회적 존재로서의 개인의 선호체계가 단자적 개인과 달리 어떻게 구성되는가는 문화적 및 사회적 전통과 사회적 맥락에 의하여 영향을 받게 된다.

1930년대의 대공황을 경험하면서, 개별적 합리성(individual

---

15 이와 같이 현실에 있어 일회성 게임에서도 협조적 전략이 선택되는 실험결과에 대한 세부내용은 Ledyard(1995)를 참조하라.

rationality)에 기초한 개별경제주체들이 자신의 이윤을 극대화하기 위한 동기에 의하여 각자가 자발적으로 행동하고 결정할 때, 사회전체적 효율성이 극대화된다는 고전경제학적 믿음은 거시경제정책 차원에서는 그 유효성을 거의 상실하게 되었다. 즉 각 개인들이 자신의 효용을 극대화하기 위한 개별적 합리성에 근거하여 자신의 효용을 극대화하더라도, 국민경제전체는 수습불가능한 경기침체에 빠지는 대공황을 경험하면서, 개별경제주체의 합리성에 기반한 자유방임주의에 가까운 자유주의적 접근의 한계를 인정하고, 적극적인 정책개입의 중요성이 강조되기 시작했다.

그 결과, 60년대 이래 케인지안 경제학, 특히 신고전학파적인 미시경제학적 기초에 기반한 케인지안 거시경제학적 접근은, 거시경제현상에 대한 통제 가능한 정책개입가능성을 주장하게 되었으며, Samuelson과 Solow가 그 대표적인 경제학자로 부상하였다.

그러나 1970년대 들어, 두 차례에 걸친 오일쇼크와 다양한 외생적 경기변동이 심해지면서, 거시경제적인 경기변동에 효율적으로 대응할 수 있음을 장담했던 신고전학파적 케인즈학파에 대한 신뢰 역시 크게 감소하기 시작했다.

2. 경제적 합리성에 대한 비판적 고찰

경제적 합리성을 가진 인간(Homo Economicus) 행동의 특징

앞에서 살펴본 바와 같이 개인적 합리성에 기초한 경제적 합리성 개념은 인간의 모든 행동은 자신의 기대효용을 극대화할 수 있는 최선의 선택을 한다는 합리적 선택이론으로 귀결된다. 이와 같은 경제적 합리성 개념에 기초한 합리적 선택이론으로서의 경제학은 마치 자연과학과 같은 과학성을 갖춘 분석으로 간주되면서 왕성하게 연구되어왔다.

즉 과학적 예측의 용이성(predictive power)을 위하여, 분석모형의 지나친 단순화를 통한 현실적 설명력의 한계(limit in accurate description)를 받아들이는 것을 주내용으로 하는 Friedman(1953) 이래의 도구적 실증주의(instrumental positivism)와 Samuelson(1938) 이래의 행동주의적 접근방식에 근거한 경제학적 분석은 그 방법론에 대한 인식론적 반성 없이 경제학자들 사이에서 광범위하게 받아들여져 왔다. 그러나 이렇게 지나친 단순화를 통한 현실적 설명력의 제약뿐만 아니라, 예측력에 있어서의 신뢰도까지 의문시되면서, 인간의 합리성에 근거한 합리적 선택이론으로서의 주류 경제학적 접근에 많은 문제제기가 이루어지고 있다.

특히 최근 행동경제학의 발전으로 경제학의 전통적인 합리성개념과는 달리 모든 인간들이 유사한 비합리성에 근거하여 경제적 선택을 한다는 분석결과가 제시되고 있다. 행동경제학자들은 신고전파

경제학자들이 간과했었던, 합리성으로 설명할 수 없는 인간들의 행동들에 주목하였다. 즉 인지심리학적 통찰력에서 많은 시사점을 얻으면서, 실제적인 행동방식에 대한 경험적 분석을 위한 실험경제학에 크게 의존하였다.

전통적인 의미의 경제적 합리성을 정의할 때, 경제학자들이 사용하는 개념은 다분히 규범적 의미를 내포하고 있는 합리적 선택이론(ratinal choice theory)과 기대효용극대화 가정을 전제로 하고 있다. 즉 인간이 합리적이기 위해서는 생각과 판단 및 의사결정에 있어, 기대효용을 극대화하는 선택을 해야 하는 것으로 가정하고 있다. 한편 이러한 경제적 합리성 개념에 부합하게 실제적인 선택을 하는지에 대한 좀 더 현상기술적인 분석(descriptive analysis)을 통하여, 이러한 합리성개념의 적합성을 분석해보아야 할 것이다.

경제적 합리성은 그 본질에 있어 도구적 합리성이다. 즉 경제적 합리성의 본연의 역할은 단순히 세계를 과학적으로 설명하는 것이 아니라, 주어진 경제상황을 올바로 이해하여, 궁극적으로 자신의 기대효용을 극대화할 수 있는 올바른 선택을 하도록 유도하는 합리성이라는 차원에서 도구적 합리성이다. 또한 기대효용을 극대화하는 합리성은 주어진 자원의 최적활용이라는 의미도 내포하는 도구적 합리성이다.16

또 합리성의 개념은 인식론적 합리성(epistemic rationality)과 실용적 합리성(practical rationality)으로 구분할 수 있다. 인식론적 합

---

16 도구적 합리성으로서의 합리성에 대한 자세한 논의는 Hindmoor(2006)을 참조하라.

리성은 주어진 정보, 즉 기억과 감각적 경험과 관찰에 기초한 학습과 추론을 통하여, 사실과 가장 가까운 결론에 도달할 수 있도록 하는 합리성이다. 이에 반해 도구적 합리성이란 결과적으로 기대효용 극대화를 이룩하는 데 가장 효율적인 합리성을 의미한다. 즉 합리적 선택이론과 같은 도구적 합리성이론은 합리성을 목적적 개념이 아니라, 자신의 효용을 극대화하는 수단으로서의 도구적 개념이다. 따라서 인간의 경제적 선택의 목적이나 선호체계 자체의 합리성 여부는 합리적 선택이론의 논의의 밖에 있게 된다.

한편 합리적 선택이론은 실증적이기도 하고 동시에 규범적이기도 한다. 합리적 선택이론이 실증적이라고 볼 수 있는 근거는 시장에서 실제 경제주체들의 선택을 관찰하고 묘사하며, 설명하고 예측하기 때문이다. 동시에 합리적 선택이론이 규범적인 측면은 개인의 효용을 극대화하기 위하여 어떻게 행동하고 선택해야 하는가를 보여주기 때문이다. 하지만 이와 같은 자신의 효용극대화를 위하여 어떤 선택을 하여야 하는가 하는 차원에서의 규범적 논의는 어떤 형태의 도덕적 판단이나 평가를 포함하지는 않는다.17 또한 경제학은 개별경제주체나 특정경제주체의 행동보다는 합리적 경제주체들의 전체적인 의사결정에 관심이 있다. 따라서 대부분의 분석의 대상은 대표적인 합리적인 경제주체(representative individual behavior)의 행동 분석에 초점을 맞춘다.

특히 오늘날 주류경제학의 근간을 이루는 합리적 선택이론

---

17 도구적 합리성 개념이 가지는 규범적 특징에 대한 자세한 논의는 Sen(1987)을 참조하라.

(Rational Choice Theory)을 집대성한 Gary Becker(1993)에 의하여, 모든 경제주체는 자신의 효용을 극대화하기 위한 선택을 한다는 합리적 선택이론이 인간의 모든 행동을 설명해줄 수 있는 포괄적인 이론으로 주장되었다. 즉 시장에서 이루어지는 경제적 선택뿐만 아니라, 사랑, 결혼, 우정, 신앙에서의 개인의 선택 등 시장 밖에서 이루어지는 인간의 모든 행동들도 설명해줄 수 있는 이론으로 주장되었다. 한편 이와 같이 경제적 합리성에 대한 가정으로 인간의 모든 행동을 자신의 효용을 극대화하기 위한 선택으로 설명하려는 합리적 선택이론에 기반한 주류경제학적 접근에 대하여, 많은 비판이 제기되었다. 인간을 Homo Economicus로 설명하는 합리적 선택이론에 대한 첫 번째 비판은, 합리성에 대한 인식론적 기초가 잘못되었다는 비판이다. 그 두 번째는 합리적 선택이론에서 가정한 과도하게 단순화되고 그래서 비현실적인 가정들에 대한 비판이다. 세 번째 비판은 합리적 선택이론이 모든 형태의 인간행동을 설명할 수 있다는 주장에 대한 비판이다. 이러한 비판을 받고 있는 주류경제학의 합리적 선택이론의 근간을 이루는 가정은 완전한 합리성(perfect rationality)에 대한 가정이다.

이 완전한 합리성을 가진 인간의 첫 번째 특징은 그 합리적 인간의 선호(preferences)체계가 안정적이라는 점이다. 즉 모든 인간들의 선택의 결과 발생하는 효용의 정도는 서로 비교가 가능하며, 그 효용의 정도와 크기를 선택에 대한 효용함수(utility function)로 나타낼 수 있을 정도로 안정적이고 체계적이라는 것이다. 즉 인간은 변덕을 부리지 않고 항상 안정적이고 예측 가능한 행동방식을 가진다는 것이다.

완전한 합리성을 가진 인간의 두 번째 특징은 모든 인간은 자신의 효용을 극대화하기 위한 선택을 함에 있어, 각 개인이 직면하고 있는 자원 및 시간의 제약과 사회적, 제도적 제약 및 위험과 불확실성을 고려하여, 이러한 제약여건하에서 효용을 극대화할 수 있는 최선의 선택을 한다는 것이다.

완전한 합리성을 가진 인간의 세 번째 특성은, 모든 인간은 특정행동의 한계비용과 한계편익을 비교하여, 한계편익이 한계비용보다 높을 때에만 그 행동을 선택한다는 것이다. 즉 한계효용과 한계비용이 인간의 선택을 결정하는 기준이라는 점이다.

경제적 합리성을 가진 인간들의 네 번째 특징은, 위험과 불확실성에 노출된 경우, 이러한 위험과 불확실성을 모두 고려한 기대효용(expected utility)을 극대화할 수 있는 행동을 선택한다는 점이다.

완전한 합리성을 가진 인간들의 다섯 번째 특징은, 모든 인간은 특정한 행동이 가져다줄 수 있는 추가적인 효용을 향한 동기(incentive)에 의하여 움직인다. 즉 이러한 추가적인 효용에 대한 동기가 없는 행동은 선택하지 않는다. 한편 개인들간에 서로 영향을 미치는 전략적 관계가 있을 경우, 이러한 동기가 개인의 행동을 결정하는 과정 역시 상호작용적이며 또 전략적 관계를 반영한 복잡한 방식으로 작용한다.

즉 합리적 인간의 선호체계는 완전하고 이행적이며 또한 연속적이다(complete, transitive, and continuous preference). '경제적 합리성을 가진 인간들의 선호가 완전하다(complete preference)'는 것은

서로 다른 선택, 즉 예를 들어 선택 A와 B가 있을 때, A가 가져다주
는 효용이 더 커서 항상 A를 더 선호하든지, 혹은 B를 더 선호하든
지, 혹은 A와 B가 동일한 효용을 가져다주기에 두 선택이 무차별한
경우, 이 세 가지 경우 중의 한 경우에 항상 해당된다는 것이다. 경
제적 합리성을 가진 인간들의 선호는 이행적(transitive preference)이
라 함은, A를 B보다 선호하고, B를 C보다 선호할 경우, 항상 A를 C
보다 더 선호한다는 것을 의미한다. 이와 같이 경제적 합리성을 가
진 인간들이 가지는 완전하고도 이행성을 가진 선호는 항상 비교가
능하며, 따라서 그 선호의 순위를 매길 수 있다.

또한 경제적 합리성의 또 다른 특징인 연속적 선호(continuous
preference)는 만약 두 재화를 소비할 경우, 동일한 효용을 가져다주
는 두 재화의 소비의 경우의 수는 무한하다는 것을 의미한다. 또 경
제적 합리성을 가질 경우, 모든 선호는 재귀적(reflexive)이다. 즉 추
가적인 재화를 소비하는 모든 조합의 경우는 단 하나의 재화만을 소
비하는 경우에 비하여 그 효용이 높다는 것이다. 이는 소비하는 모
든 재화들이 악재(bads)가 아닌 재화(goods)로서, 더 많이 소비할수
록 효용이 더 높아진다는 것을 의미한다. 마지막으로 경제적 합리성
에 의한 인간의 행동은, 총량적 차원의 효용을 극대화시키기 위한
행동을 시종 일관된 기준에 의하여 결정하는 것이 아니라, 항상 주
어진 추가적인 의사결정과정에서의 한계비용과 한계편익을 기준으
로 결정을 내린다는 특징을 가진다.

경제적 합리성의 가장 큰 특징은 자신의 효용을 극대화한다는
차원에서는 이기적(self-interest)이지만, 다른 사람들에게 피해를 주

면서까지 자신만의 이익을 추구한다는 차원에서의 이기적(selfish)임을 의미하지는 않는다. 즉 자신의 효용을 극대화하는 방법으로는, 만약 자신의 선호체계가 더 많은 이타적 행동과 더 많은 사회적 규율 및 도덕적 행동을 할 때 더 많은 효용을 얻는 형태의 선호체계를 가질 경우, 자신의 효용을 극대화하고자 하는 경제적 합리성이 이타적인 행동(altruistic behavior)으로 나타날 수도 있다.

즉 경제적 합리성을 가정한 합리적 선택이론에서는 이러한 개별 인간들의 선호체계의 특성은 모든 인간들이 서로 다르게 나타날 수 있는 만큼, 어떤 형태의 특성의 선호체계가 더 바람직하거나 도덕적이거나 합리적이라는 형태의 판단이나 평가는 전혀 하지 않는다. 즉 어떤 형태의 선호체계를 타고 태어났든지 간에, 그 각자의 선호체계에 의하여 각자 자신의 효용를 극대화하는 노력이 곧 경제적 합리성이라는 것이다. 즉 한마디로 요약한다면, 노벨경제학상을 수상한 Reinhard Selten의 표현과 같이 "합리적인 경제적 행동이란, 주관적인 기대효용을 극대화하는 것"이라고 정의할 수 있다.18

경제적 합리성을 가정한 합리적 선택이론에 대한 비판

아인슈타인 이래 현대 물리학계를 대표하고 있는 천체물리학자인 스티븐 호킹(Stephen Hawking)은 "과학적 설명모형이 현실을 완벽하고도 사실적으로 설명하면서, 동시에 그 설명모형이 과학적 엄밀성에 기초하여, 높은 과학적 예측가능성

18 경제적 합리성에 대한 Selten의 논의의 자세한 내용은 Selten(1991)을 참조하라.

을 동시에 갖추는 것은 사실상 불가능하다"고 밝힌 바 있다.[19] 한편 경제학의 경우, 과학적 엄밀성이 강조되면서, 좀 더 실제 현실을 잘 설명하기 위한 사실적합성보다는 과학적 엄밀성에 근거한 예측가능성이 더욱 중요하게 간주되어 왔다.

'경제적 합리성'개념이 가장 많은 비판을 받고 있는 점은 '모든 개별인간들이 주어진 경제상황을 사실대로 정확히 파악하고 있고, 또 주어진 상황에서 자신의 효용을 극대화할 수 있는 최적의 수단을 알고 있다'는 완전정보에 대한 가정이다. 즉 현실에서는 모든 인간들이 주어진 상황을 정확하게 파악하지 못할 뿐만 아니라, 자신의 효용을 극대화하는 최적의 수단도 알지 못하며, 설령 그 수단을 알고 있다고 하더라도, 그 목적을 꾸준히 변함없이 실현할 수 있을 정도로 일관성과 의지력이 부족한 경우가 대부분이다. 즉 먼저 인간의 두뇌는 평균적으로 주어진 경제상황을 정확하게 파악할 정도로 발달되지 못했으며, 특히 인지능력에 많은 제약이 있다. 그러나 이러한 개별경제주체들의 합리성의 현실적인 한계들에 대한 증거들이, 결과적으로 "인간들은 합리적이지 않다"는 결론을 도출할 정도로 강력하고 확증적인가에 대한 의문도 제기된다.

경제적 합리성에 대한 또 다른 비판은 심리학적 행동주의적 접근에 근거하여 인간의 선호체계(preference system)를 추정할 수 있을 뿐이라는 것이다. 즉 현시선호이론(revealed preference theory)에서 주장하는 대로, 인간의 선호체계라는 것은 그 인간이 현실에 있

---

19 과학적 설명이론의 한계와 그 가능성에 대한 Stephen Hawking의 논의의 세부내용은 그의 2001년도 저서인 The Universe in a Nutshell을 참조하라.

어서 실제로 선택한 결과들을 통해서 경험적으로 역추정할 수 있을 뿐이며, 선험적인 인간의 행동특성을 논의하거나 규정할 수 없다는 것이다. 인간의 행동특성, 즉 선호체계란 결국 그 인간의 실제행동을 통하여 드러난 것과 다름없다는 것이다. 따라서 이러한 인간들의 실제 행동결과들로부터 경험적으로 역추정하는 방법 이외의 다른 어떠한 형태의 인간행동의 특성에 대한 논의나 규정은 단지 논의를 복잡하게 만들 뿐이지 그 이론의 현실적인 효용은 전혀 있을 수 없다는 입장이다.

현시선호이론은 인간의 행동을 결정하는 선호체계 혹은 정신세계를 항상 물리적 행동과 동일시 한다는 점에서 많은 비판을 받아왔다. 특히 인지과학과 신경과학 등의 발전이 이루어지면서, '인간의 선호체계는 결국 인간의 선택결과이다'라는 현시선호이론은 인간의 행동을 결정하는 내적원인 혹은 특정행동의 원인을 설명하는 데 아무런 설명력을 가지지 못하는 동어반복(tautology)으로 비판을 받아왔다. 특히 이 현시선호이론은 이러한 인간들의 선호체계가 어떻게 형성되었는가에 대해서는 아무런 설명력을 가지지 않는다. 그러한 차원에서 현시선호이론에 근거한 주류경제학이 논의하는 경제적 합리성이란, 주어진 목적을 달성하는 도구적 차원에서의 합리성이지, 그러한 목적과 선호체계가 어떻게 형성되었으며, 또한 합리적인가 여부를 논의하는 목적 및 가치차원의 합리성을 의미하지는 않는다. 그러나 정작 인간의 행동을 연구하고 예측하기 위해서는, 인간의 선호체계가 어떻게 형성되고 또 작동하는가에 대한 이해, 즉 목적적 차원에서의 합리성에 대한 이해도 필요하다.

그러나 이와 같은 현시선호이론에 근거한 경제적 합리성 논의에 대한 비판 역시 엄밀한 과학적 근거에 기반한 것은 아니다. 즉 특정 경제주체의 실제 선택결과를 관찰한다고 그러한 실제행동의 관찰결과가 곧바로 그 주체의 행동특성, 즉 무차별곡선의 특성을 말해주지는 않는다. 뇌과학이나 신경생리학이 인간의 마음과 행동의 관계를 경험적으로 밝히는 과정이, 즉 단순히 신경세포의 물리적 및 화학적 작용결과의 관찰이 곧바로 마음의 작동구조를 밝혀주는 것이 아니라, 이러한 관찰결과로부터 행동과 마음의 관계를 추론해야 한다. 마찬가지로 인간의 선택결과에 근거해서 인간의 선호체계를 밝히려는 현시선호이론 역시 경험적 관찰결과가 곧바로 선호체계를 밝혀주는 것이 아니라, 특정한 이론적 가정하에서 선호체계를 추론해내어야 한다. 뇌과학이나 신경생리학도 여전히 밝혀내지 못한 마음과 행동의 관계를, 경제학의 현시선호이론이 밝혀내기를 기대하는 것은 현실적으로 무리이다.

경제주체인 인간이 완전한 합리성을 가졌다는 고전경제학적 가정은 많은 사회과학자들에 의해서 비판을 받아온 가운데, 행동경제학자들은 학제적 접근을 통하여 인간의 완전한 합리성 가정을 비판하였다. 행동경제학자들은 주로 실험경제학적 방법을 통하여 통제된 상황에서의 인간행동에 대한 실험을 통하여 경제적 합리성가정을 비판하였다. 특히 선호체계가 형성되는 과정 및 이러한 선호체계의 일관성에 대한 실험이 주를 이루었다. 이러한 실험결과에 가장 큰 영향을 미치는 요인은 실험대상자들이 주어진 상황을 이해하고 있는지, 또 의사결정을 하는 과정에서 적용하는 해석적 방법(heuristic methods)에서 있을 수 있는 잘못된 인식, 혹은 편향된 인식(cognitive biases)들이다.

1978년 Herbert Simon은 제한적 합리성(bounded rationality)에 대한 연구로 노벨경제학상을 받았다. 제한적 합리성 이론의 주된 논지는 실제 경제주체들이 경제적 의사결정을 할 때의 판단기준은 완전한 합리성과는 매우 거리가 멀다는 것이다. 즉 개별경제주체들은 경제상황을 판단하기 위하여 필요한 정보를 습득하는 데에도 많은 한계가 있으며, 자신의 목적을 달성하기 위하여 선택하는 수단들과 의사결정방식 자체도 최선의 결과를 도출하기에는 부적절하고 제한적인 수단들을 선택한다는 것을 실험을 통하여 보여주었다. 이러한 실험을 통한 분석의 결과, 제한적 합리성이론에 의하면, 인간은 최적의 선택(optimal decision)을 하는 것이 아니라 '자신이 만족할 수 있을 만한 선택(satisfying decision)'을 할 수 있을 뿐이다.

같은 맥락에서 Daniel Kahneman과 Amos Tversky(1979)는 인간들의 의사결정방식에는 체계적인 오류가 있다고 주장하였다. 즉 그들의 전망이론(Prospect Theory)에 의하면 경제주체들은 기대효용을 극대화하는 것이 아니라, 손실을 최소화하고자 하는 동기에 의해 경제적 선택을 한다. 즉 미래의 불확실성과 위험에 노출된 경제주체들은 이러한 미래의 불확실성과 위험에 대한 전망(prospect)을 손실 발생의 확률에 대한 정보로서 가지며, 바로 이 미래의 불확실성에 대한 전망, 혹은 손실의 확률에 대한 정보에 근거해서, 손실을 최소화하기 위한 선택을 한다는 것이다.

즉 전망이론에 의하면, 인간의 경제적 의사결정을 좌우하는 잣

대로서, 손실을 최소화하는 것이 이익을 극대화하는 것보다 훨씬 중
요한 잣대이다. 이와 같은 인간의 경제적 행동에 대한 통찰은 실험
경제학에서 사용하는 통제된 상황에서의 실험을 통하여 확인되었다.
실험을 통하여 확인된 추가적인 사실은 대부분의 경제주체들은 올
바른 통계적 확률을 보편적으로 파악하여 적용하지 못한다는 것이
다. 또한 전달되는 정보의 내용이 정보가 전달되는 형식과 양식에
의하여 매우 크게 영향을 받는다는 점을 '틀 효과(framing effect)'이
론을 통하여 강조하였다.

이러한 전망이론과 밀접히 관련된 현상으로, 일반적으로 자신
이 이미 소유하고 있는 것을 팔 때 요구하는 가격수준은, 자신이 구
매할 때 기꺼이 지불할 의사가 있는 지불의사가격보다 보통 더 높게
나타나는데, 이 현상을 '보유효과(endowment effect)'라 부른다. 또 개
별경제주체들이 경제현황을 파악하는 과정은 물론 현상을 파악하는
형식 혹은 양식으로서의 틀에 상당한 영향을 받으면서, 동시에 개별
적인 경제현상의 지각 및 경제상황의 평가과정에서는 소위 '정신적
회계(mental accounting)'과정이 진행된다고 행동경제학자인 Thaler
는 자신의 통제된 상황에서의 인간행동실험을 통하여 주장하였다.
또한 Kahneman은 경제현상을 파악하는 개념적 틀에 영향을 미치
는 요인으로서, 초기정보에 의하여 과다하게 영향을 받으면서 경제
현상을 파악하는 '닻 효과(anchoring effect)'를 들었다.

위와 같이 행동경제학자들은 다양한 '통제된 인간행동에 대한
실험'을 통하여, 현실에 있어서 대부분의 인간의 행동을 결정하는 요
인은 자신의 기대효용을 극대화하고자 하는 경제적 합리성이 아니

며, 비합리성에 가까운 행동들이 대부분을 이룬다고 주장하여 왔다.
급기야 이러한 실험결과들에 기초하여, 인간은 근본적으로 비합리적
이라는 주장까지 제기되었다. 한편 인간의 행동이 통제된 실험상황
에서 합리적으로 나타나지 않았다는 실험결과에 근거해서 인간은 근
본적으로 비합리적이라는 결론을 도출하는 것이 과연 온당한 논리인
가? 즉 고전경제학적인 경제적 합리성 개념에 대하여 근본적인 문제
제기를 한 행동경제학적 주장과 그 논지는 과연 타당한 것인가?

만약 실험경제학자들의 주장처럼, 인간은 원천적으로 고전경제
학에서 가정하는 '경제적 합리성'을 갖출 수 없는 인간인가? 그래서
대부분의 인간들이 취하는 현실적인 의사결정은 오히려 비합리적인
선택, 즉 자신의 기대효용을 극대화하고자 하는 의사선택이 아니라,
여러 가지 비효율적인 선택을 하게 되는 것이 과학적 사실인가? 그
렇다면 이러한 인간들의 '제약된 합리성'자체가 지속가능한 자본주
의체제를 위협하는 가장 큰 요인으로 간주될 수 있을 것이다.

과연 인간행위는 근본적으로 비합리적인가? 그래서 우리는 점
점 더 위기가 확대재생산되는 자본주의의 위기를 맞게 되는 것인가?
고전경제학의 '경제적 합리성'개념에 근본적인 문제제기를 한 행동
경제학적 논지의 타당성을 살펴보도록 하자.

'경제적 합리성'을 위한 반론: 행동경제학적 시각에 대한 비판

행동경제학적 분석결과들은 인간
행동에 대한 통제된 실험을 통하
여, 경제적 의사결정을 하는 인간
들의 행동이 항상 '경제적 합리성'에 의해서 결정이 이루어지지는 않

는다는 것을 보여주었다. 그러나 이러한 행동경제학적 분석결과는 합리적 선택이론이 가정한 경제적 합리성과 상반되는 결과들을 많이 보여주었으나, 인간행동을 설명해주는 체계적 이론으로 발전하지는 못했다.

또한 실험경제학적 방법을 통하여 확인한 '경제적 합리성'으로 설명되지 않는 경제행위들을 확인했다는 사실이, 모든 인간은 항상 비합리적으로 행동한다는 주장의 경험적 근거가 될 수는 없다.

또한 모든 인간들의 경제적 의사결정과정은 매우 경쟁적인 상황에서 이루어지며, 이때 그 의사결정이 경제주체들의 효용을 극대화해주는 경제적 합리성 조건을 충족시키는가 여부는, 그 경제주체들의 생존여부를 결정하는 매우 중요한 요인이다. 행동경제학자들의 주장과 같이 모든 인간들의 경제적 의사결정은 근본적으로 비합리적이라는 것은, 오랜 동안의 생존경쟁과정에서 살아남고 진화한 인간의 의사결정방식이 비합리적 의사결정방식이라는 주장으로서, 이는 경험적으로나 직관적으로 받아들일 수 없는 주장이다.

또한 행동경제학이 의존하고 있는 실험경제학적 방법론 역시 상당한 구조적 문제점을 내포하고 있다. 먼저 행동경제학이 의존하고 있는 실험경제학의 통제된 행동실험방식 자체가 대부분 실제 시장에서의 의사결정환경과는 매우 다른 통제된 의사결정환경을 제공하기에, 이러한 비현실적인 통제된 환경에서의 실험결과가 실제 시장에서의 인간들의 의사결정과정을 유추할 수 있는 경험적 자료로서 의미가 없다는 비판이다.

따라서 위와 같은 행동실험의 결과, 행동경제학자들에 의하여

인간행동의 비합리성의 증거로 인용되었던 실험결과들은 실은 인간
행동의 합리성의 증거라는 반론이 제기되고 있다. 그 근거는 행동실
험에 동원되는 실험참가자들은 실험참가시 제공되는 사례금이 상대
적으로 낮을 경우, 일반적으로 매우 무성의하게 빨리 응답을 하여,
그 실험의 신뢰도가 크게 낮아진다는 것은 주지의 사실이다. 즉 행
동경제학자들은 자신들이 설정한 실험상황에서, 실험참가자들이 실
험참가에 소요되는 시간과 또 그로부터 추정되는 기회비용과 또 제
공되는 실험참가 사례비 등을 고려하여, 실험참가 소요시간을 줄이
기 위하여 무성의하게 답변한, 경제적 합리성에 매우 적절한 실험결
과를, 비합리적 행동의 결과로 오해한다는 것이다.

　　즉 행동실험의 환경과 조건에 대한 미세한 설정차이가 그 행동
실험에서의 거래비용과 기회비용, 외부효과 및 유인체계, 그리고 주
관적인 비용편익분석에 매우 큰 영향을 미친다는 점을 고려할 때,
이러한 행동실험환경 설정의 영향을 정밀하게 고려하지 않은 행동
경제학자들의 비합리성에 대한 결론은 오류에 가깝다고 볼 수 있다
는 것이다.[20] 또 행동실험의 설정에서 이타적 선택에 따른 비용이
크지 않을 경우, 매우 이타적인 선택을 하는 경우도 자주 나타난다.
이런 여러 가지 상황을 고려할 때, 행동실험환경의 변화에 따라 실
질적인 선택의 형태는 달라지지만, 경제주체의 기본적인 선호체계는
일관성 있게 유지되는 경우가 지배적이라고 볼 수 있다.

　　모든 경제주체들이 항상 완벽한 합리성을 가졌다고 가정하는

---

20 행동경제학이 기반하고 있는 행동실험에 대한 비판적 성찰을 시도한 연구로는 Posner
　(2003)의 연구를 참조하라.

극단적인 경제적 합리성의 가정은, 경제학적 분석의 용이성 차원에
서는 매우 유용한 가정이나, 비현실적 가정인 것은 사실이다. 그러
나 현실에 있어서 경제주체들이 경제현상에 대한 잘못된 정보를 가
지기도 하고, 또 최적의 대응을 하지 못하기도 하며, 또 실수를 하기
도 한다는 행동실험결과가 모든 경제주체들의 본래적 합리성 자체
를 부정하는 논거가 될 수는 없다. 같은 맥락에서 행동경제학의 제
한적 합리성(bounded rationality)에 대한 논의가 인간의 합리성에 대
한 좀 더 현실적인 접근인 것은 사실이나, 이러한 현실적인 경제주
체들의 합리성의 한계에 대한 논의가 경제주체들의 행동원리를 분
석하고 예측하는 데에 있어, 체계적인 건설적 기여는 전혀 하지 못
하고 있다.

　더욱이 대부분의 경제주체들이 최적의 선택(optimal choice)을
하는 것이 아니라, 만족할 만한 선택(satisficing choice)을 한다는 행
동경제학의 논지는 인간의 행동을 설명하고 예측하는 데에 있어 아
무런 기여를 하지 못하고 있다. 즉 인간의 행동원리로서 '만족할 만
한 선택'을 한다는 논지로는 인간의 효용체계 및 만족도 그리고 행
복도에 대한 체계적 설명 및 예측에 있어 새로운 시각이나 분석능력
을 보태지 않는다. 오히려 자신의 효용을 극대화하기 위하여 행동한
다는 경제적 합리성 개념보다도 더욱 추상적 측면을 가진다. 왜냐하
면 만족할 만한 선택이란 것은 기본적으로 객관화가 불가능한 주관
적인 표현일 뿐만 아니라, 그 개념자체가 구체성을 결여하고 있다.

　위와 같이 행동경제학이 단편적인 행동실험결과에 근거해서,
경제주체들의 비합리성을 주장하는 것이 많은 논리적 문제점을 가

지고 있다는 비판과 함께, 동시에 행동경제학이 의존하였던 실험경제학적 행동실험결과가 오히려 '경제적 합리성'의 가정을 지지하는 경험적 근거를 제공하고 있다는 연구결과들이 제기되고 있다. 이와 같이 행동실험을 통하여, 경제적 합리성 개념을 재정립하는 데 가장 큰 기여를 한 실험경제학자인 Vernon Smith는 그의 이러한 공로로 노벨경제학상을 수상하게 된다. Vernon Smith는 행동실험에 참가하는 경제주체들에게 실제 시장에서의 선택과 매우 유사한 실험상황을 제공하면서, 경제주체들간의 전략적 상호작용 및 제도적 여건까지 실제 시장상황과 유사하게 제공한 결과, 행동실험참가자들의 선택이 경제적 합리성에 부합하게 행동하는 실험결과들을 도출하게 되었다. 또한 행동실험참가자들은 실험 초기의 경우, 시장여건에 대한 잘못된 정보와 판단 및 선택기준의 혼선이 있더라도, 실험이 반복되면서, 점차 경제적 합리성에 부합하는 합리적 선택을 하게 됨을 확인하였다.[21]

　　행동경제학자들에 의하여 경제적 합리성과 부합하지 않는 실험경제학적 사례로 거론되었던 보유효과(endowment)도 실험상황을 좀 더 실제시장상황에 적합하게 조정하자, 이러한 보유효과도 감소됨이 확인되었다. 즉 행동경제학자들은, 경제주체들이 이미 보유하고 있는 재화들을 판매할 때, 자신이 구입할 때 지불할 의사가 있는 가격보다 더 높은 가격을 요구함을 행동실험을 통해서 확인하였다. 그리

---

21 경제주체의 경제적 합리성이 동태적으로 또 생태학적으로 발달하는 과정에 대한 세부 논의는 Vernon Smith의 대표적인 저서인 Rationality in Economics: Constructivist and Ecological Forms(2008)를 참조하라.

고 이러한 결과는 경제주체들이 현재 보유하고 있는 재화의 손실에 더욱 민감한 비합리적 특성을 반영한 결과라고 주장하였다. 그러나 새로운 행동실험에서, 실제 시장에서와 같이 거래에서의 시간적 격차가 존재하는 상황을 설정하자, 이러한 시간적 격차가 경제주체들이 점차 합리적 선택을 하도록 유도하는 데 상당한 역할을 하는 것이 확인되었다.

이와 같이 반복적인 경험과 이러한 경험의 역사적 축적이 동태적으로 경제주체들의 경제적 합리성을 발달시킨다는 점에 초점을 맞춘 생태적 합리성(ecological rationality)개념이 강조되기 시작했다. 즉 다양한 생존경쟁상황에서 결과적으로 생존한 경제주체들의 행동방식은 여러 생물학적 경쟁 및 환경적, 문화적 특성을 반영한 가운데, 가장 생존확률을 높여줄 수 있는 진화된 합리성을 반영하고 있다. 즉 반복적인 시행착오를 통하여 누적된 합리성은 진화과정을 통하여 당초의 왜곡된 정보 및 선택전략에서의 오류를 교정하면서, 결과적으로 주어진 환경에서 가장 생존확률을 높여줄 수 있는 진화된 생태적 합리성을 갖추게 해준다는 것이다.

반복적인 시행착오와 동태적인 학습결과가 누적되면서, 점차 경제적 합리성에 가까운 생태적 합리성이 발달하게 된다는 이러한 행동실험결과는, 통제된 상황에서의 인위적인 행동실험결과뿐만 아니라, 통제되지 않은 실제 시장에서의 개별경제주체들의 실제 경제적 의사결정에 대한 경험적 관찰을 통해서도 그 유효성이 확인되고 있다. 이와 같이 실제경제상황에서 확인되는 경제적 합리성에 대한 관찰 및 기록은 '괴짜 경제학(Freakonomics)'이란 책으로 유명한

Steven Levitt에 의해서 상당한 경험적 증빙자료들이 누적되었다. 즉 인간들의 실제 선택 및 행동결과를 담고 있는 경제적 통계분석을 통하여, 전통적인 경제적 합리성 개념이 예측하듯이, 경제주체들의 선택 및 행동이 유인체계(incentive system)에 매우 민감하게 반응하며, 자신의 효용을 극대화할 수 있는 선택을 한다는 것을 경험적으로 확인하였다.

경제적 합리성에 의하여 움직이는 '경제적 인간(Homo Economicus)' 개념은 이기적인 냉혈한으로 묘사되어 매우 부정적인 이미지로 비쳐지고 있다. 한편 여러 가지 경험적 연구들을 통하여 확인된 실제 인간들의 행동방식은, 자신의 효용만을 극대화하고자 하는 '이기적 냉혈한'의 모습과 '삶의 의미를 고민하는 외로운 인간'사이의 중간쯤에 해당된다. 여기서 주목해야 할 점은, 통상 경제적 합리성을 금전적 이익의 극대화 추구와 동일시하지만, 이는 올바른 경제적 합리성의 해석이 아니다. 경제적 합리성이 의미하는 자신의 효용극대화는, 단순히 금전적 이익의 극대화보다는 훨씬 포괄적 의미를 가진다.

각 개인의 효용을 구성하는 요소로는 가장 객관화된 가치평가의 수단으로서 화폐로 환산된 재화(goods)를 포함하여, 각 개인의 특성에 따라 이타적 행동, 도덕적 행동, 사회적 관계, 종교적 신념 등 다양한 요소들이 자신의 효용을 결정하는 요소로 작용하고 있다. 만약 화폐를 정신적, 문화적 가치를 구입할 수 있는 자산으로 간주한다면, 효용극대화를 곧 화폐로 표현된 이익의 극대화로 표현할 수도 있겠지만, 현실에 있어서 화폐는 이러한 개인적 효용을 구성하는 정신적, 문화적 가치와 통용될 수는 없다.

따라서 '경제적 합리성'을 단순히 돈으로 표현된 이익의 극대화라는 해석은 잘못된 해석이며, 포괄적 의미로서 '자신의 효용의 극대화를 추구하는 합리성'으로 해석하는 것이 적절하다. 이와 같이, 경제적 합리성을 '자신의 효용 극대화 추구'로 정의할 때, 자신의 모든 재산을 사회에 헌납하고, 아프리카의 빈민과 병자들을 위하여 자신의 전 생애를 헌신한 슈바이쳐박사의 선택과 행위가 대표적인 경제적 합리성의 사례가 될 수 있다.

이와 같이 행동경제학에서 가정하는 비합리적 인간의 개념에 비해, 모든 경제주체가 자신의 효용을 극대화하기 위한 선택을 한다는 경제적 합리성 개념은 그 설명력에 있어서의 포괄성 및 보편성과 함께 이론의 단순성 및 예측가능성이라는 차원에서 인간행동의 과학적 분석을 위한 개념으로서 훨씬 적합한 접근이다. 즉 현실에 있어서 경제주체들의 행동에서 발견되는 비합리적 의사결정의 사례와 왜곡된 정보의 사례가 발견됨에도 불구하고, 경제적 의사결정을 하는 인간행위를 설명하는 보편적 이론으로서, 모든 인간은 자신의 효용을 극대화하기 위한 선택을 한다는 경제적 합리성 개념은, 현실세계의 설명력에 있어서나, 과학적 예측력에 있어서 여전히 가장 앞선 이론임을 최근까지의 이론적, 실증적 증거들이 밝혀주고 있다.

이러한 경제적 합리성 가정에 대하여, 과학성에 대한 가장 엄격한 기준으로 볼 수 있는 Karl Popper의 반증이론(falsification)을 적용하더라도, 경제적 합리성을 가정한 합리적 선택이론은 과학적 접근으로서 여전히 유효하다. 즉 Karl Popper의 반증이론에 따르면, 어떤 이론이 과학적 이론으로 간주되기 위해서는 그 이론의 과학성을 반증할 수 있는 반증가능성(falsifiability)이 열려 있어야 한다. 그 경험적 관찰에 의하여 그 반증이 이루어지지 않는 이론은 과학적인 이론으로 받아들여질 수 없다. 이러한 반증이론에 의하면, 비합리적 의사결정을 하는 사례가 발견되기 때문에, 경제적 합리성을 가정한 합리적 선택이론이 과학적 이론이 아니라고 주장할 수도 있다. 한편 빛의 속도로 운동이 이루어지는 세계에서는 뉴턴물리학은 세계에 대한 설명력을 가지지 못하는 잘못된 이론이다. 그러나 이러한 빛의 속도로 운동이 이루어지는 세계에 대한 설명력을 가진 상대성이론 이 뉴턴물리학을 대체하기 전까지는, 뉴턴물리학은 세계를 이해하는 인간의 유일한 과학적 경로였음은 틀림없다. 마찬가지로, 경제적 합리성을 가정한 합리적 선택이론보다 더 경제현상을 과학적으로 설명하고 예측할 수 있는 이론이 제시되기 전까지는, '경제적 합리성' 이론이 여전히 개인으로서의 경제주체와 사회적 현상으로서의 경제현상을 설명하고 예측할 수 있는 최선의 이론으로 작동하고 있다.

　　인간행동의 특성을 과학적으로 설명하고자 시도했던 사회과학의 시도는, 개별인간 및 집단적인 사회현상에 대한 현실 그대로의 사실적 설명력과 미래에 대한 과학적 예측력을 동시에 갖추는 것은 항상 불가능한 과제로서 인식해왔다. 그래서 사회현상의 사실적 설명과 과학적 예측을 동시에 가능하게 하는 통일된 이론으로 발전하지 못하고, 여러 갈래의 분절화된 이론과 주장으로 나누어져 있었다. 이와 같이 사회현상의 설명 및 예측의 분절화와 파편화를 극복하는 매우 획기적인 전개가 개인의 합리성 및 사회적 합리성이 동태적으로 발전해가는 동태적 측면에 초점을 맞춘 접근에서 이루어지고 있다.

즉 현실에 있어 많은 비합리적 선택과 의사결정이 이루어지기
는 하지만, 동태적으로 합리적 선택으로 접근해가고 있는 경험적 사
실을 설명하면서, 장기적으로 개별인간들의 경제적 선택 및 사회와
집단차원의 의사결정을 예측할 수 있는 이론으로서 개별경제주체의
합리성 및 사회적 합리성의 진화이론이 부상하고 있다.

경제적 합리성의
진화

경제학과 진화생물학은 서로의 학문적 발전에
많은 영향을 미쳐왔다. 즉 다윈은 '종의 기원
(The Origin of Species)'을 통해 진화론을 정립하
는 과정에서, 맬더스의 인구론에서 인구증가에 따른 생존투쟁
(struggle for existence)개념에 영향을 받아, 진화와 자연도태(natural
selection)개념을 발전시켰다. 즉 자연도태개념은 경제학에서의 '보
이지 않는 손(invisible hands)'의 개념에 의해 영감을 받아 발전된 것
으로 알려져 있다. 그러나 최근에는 오히려 진화생물학이 경제학의
발전에 많은 영향을 미치고 있다. 이러한 두 학문의 상호작용을 진
화심리학자인 John Tooby는 다음과 같이 표현하였다:

"자연도태의 보이지 않는 손이 인간의 판단력과 행동방식, 그
리고 인간의 정신을 결정하였고, 이러한 인간들의 판단력과 정신의
상호작용을 통하여 경제학의 보이지 않는 손이 작동하도록 하였다.
즉 하나의 보이지 않는 손이 나머지 보이지 않는 손을 창조하였
다"22

최근 진화생물학이 경제학적 분석에 가장 크게 기여하는 점은,

개별인간의 행동원리 및 인간간의 상호작용, 그리고 환경변화에 대응
하는 인간의 행동원리 등에 대하여, 진화생물학적 접근은 과학적 엄
밀성과 체계를 갖출 수 있는 학문적 틀, 혹은 메타이론(metatheory)으
로 기여하고 있다는 점이다. 또 진화생물학은 뇌과학에서 인간이 주
어진 여건, 즉 시장의 상황을 지각하고 또 판단 및 의사결정을 하는
과정에서 뇌의 역할과 작용을 연구한 결과를 경제학적 분석에 활용
한다. 즉 진화생물학적 견지에서 인간의 생존확률을 극대화하는 판
단 및 추론방식, 그리고 의사결정방식이 곧 경제적 의사결정을 내리
는 경제주체의 합리적 의사결정방식에 가장 부합한다는 것이다.

　　진화생물학과 뇌과학의 학문적 성과를 바탕으로 해석한다면,
경제적 합리성이란 곧 생태학적 합리성으로 정의될 수 있다. 이 생
태학적 합리성이란 생물학적 환경 및 사회문화적 환경의 변화에 대
응하여 인간이 적응하고 또 진화하는 동태적 과정인 것이다. 또한
이 생태학적 합리성으로서의 경제적 합리성은 모든 경제적 행동과
관련된 의식적 의사결정 및 무의식적 의사결정과정을 포괄하는 것
으로 이해해야 한다. 특히 최근 뇌과학의 획기적인 발전으로, 인간
의 경제적 의사결정과 뇌의 구조적 활동 및 특성간의 관련성에 대한
연구결과들이 제시되고 있다. 그 결과, 경제적 합리성이란 개인의
목적을 달성하기 위한, 경제적 의사결정을 지배하는 논리적 추론과
정뿐만 아니라, 뇌의 구체적인 활동을 통해 확인되는 다양한 인지과

---

22 Tooby의 진화생물학과 경제학과의 관계에 대한 세부논의는 다음 논문을 참조하라:
　Cosmides, Leda and John Tooby. 1994a. "Better than Rational: Evolu-
　tionary Psychology and the Invisible Hand." American Economic Review 50
　(2): 327-332.

정까지 포함한다는 입장이다.[23]

최근까지의 진화심리학 및 인지심리학, 뇌과학 그리고 신경생
리학의 발달은 경제적 의사결정과정에서의 뇌신경의 구체적인 작동
경로를 매우 자세히 밝히고 있다. 특히 주어진 상황변화에 적응해나
가는 인간의 생물학적 진화과정에서 가장 빠르게 상황에 적응하고
진화한 것이 인간 뇌의 인지과정임이 실증적으로 확인되고 있다. 즉
경제주체들이 느끼는 효용체계의 구조 및 그 작동, 그리고 인간의
경제적 의사결정이 이루어지는 과정에서 뇌신경의 작동과정에 대한
경험적 연구의 결과, 인간의 경제적 의사결정의 기본틀을 이루는 효
용함수가 단지 비현실적인 개념적 틀이 아니라, 실제 경제적 의사결
정이 이루어지는 과정에서 뇌의 신경조직 내에서의 체계적인 신경
조직망으로서 작동하고 있음이 확인되고 있다. 또 인간의 경제적 의
사결정과정에서 물질적 유인체계와 함께 주관적 가치와 도덕적 기
준이 영향을 미치는 과정에서 뇌신경구조의 작동원리가 확인되면서,
인간의 경제적 의사결정에 대한 예측가능성이 높아질 것으로 기대
되고 있다.[24]

또한 경제적 합리성에 대한 진화심리학적 접근을 통하여, 경제
학적 분석에서 사용하는 효용함수개념이 경험적으로 타당함이 확인

---

23 생태학적 합리성차원에서의 경제적 합리성에 대한 상세한 논의는 Vernon Smith의
   2008년 저서(Rationality in Economics: Constructivist and Ecological Forms)
   와 Shermer의 2008년 저서(The Mind of the Market)에서 상술되고 있다.
24 뇌과학 및 신경생리학적 연구성과를 바탕으로 경제적 의사결정방식을 분석하는 새로운
   시도가 신경경제학(Neuroeconomics)이라는 이름으로 시도되고 있다. 이러한 신경경
   제학의 최근 연구 성과는 Park & Zak의 2007년 저서(Neuroeconomic Studies.
   Analysis & Critique)에서 상술되고 있다.

되었다. 즉 모든 인간은 환경의 변화에 적응하면서 대응해온 진화의 경험, 혹은 역사적 경험을 공유하기 때문에, 인간들의 일반적인 행동방식 및 선호체계에는 상당한 공통적 특성이 있다. 단적으로 일상생활에서 배우자선택, 자녀교육, 사회적 교류, 심지어 식습관에 있어서도 기본적인 공통성이 있는 것처럼, 경제적 선택에서 경제적 합리성에 근거한 선택을 한다는 보편적 공통성을 보이고 있음이 진화생물학적 분석에서도 확인된다.

　　진화생물학에서는 인간의 경제적 의사결정의 근간을 이루는 경제적 합리성은 환경변화에 적응하고 생존확률을 극대화하고자 하는 인간들의 노력이 누적된 역사적 산물, 혹은 진화의 결과로 설명한다. 즉 경제적 합리성에 부합되는지 여부에 대한 판단능력과 또 주어진 경제여건에 대한 분석 후, 최적의 대응전략을 도출하는 매우 복잡한 두뇌활동은 진화생물학에서는 오랜 세월에 걸친 행동방식 및 사고방식의 진화의　결과라는 것이다. 이는 마치 인간의 두뇌용량이 점차 커지고, 또 두뇌의 신경세포 연결망이 동태적으로 더욱 확대되어온 사실에서도 확인된다는 주장이다.

　　또한 행동경제학에서 인간의 비합리성의 증거로 제시하는 여러 실험경제학의 결과들인 보유효과(endowment effect)나 일관성이 결여된 선호체계(inconsistent preference), 효용극대화가 아닌 손실극소화 추구, 근시안적 선택 등과 같은 사례들이, 오히려 인간의 경제적 합리성의 근거로 해석될 수 있다는 것이 진화심리학적 분석이다. 즉 자신이 이미 보유하고 있는 자산을 판매할 때, 자신이 구입할 때 지불할 의사가 있는 가격보다 더 높은 가격을 요구한다는 보유효과는

비합리성의 증거가 아니라, 식량부족 및 기아와 같은 오랜 역사적
경험이 누적되어, 생존에 필요한 요소들을 확실히 확보하는 것에 더
높은 비중을 두는 전략이 생존가능성을 극대화하는 합리적 전략이
라는 것이다.

　미래의 더 높은 수익보다, 더 작은 현재의 수익을 선호한다는
'근시안적 선택(shortsightedness)' 역시 생존의 확률을 높이기 위해
서는 불확실한 미래의 더 많은 수익보다는 지금의 확실한 수익을 확
보하는 것이 더욱 합리적이라는 것이다. 마찬가지로 기대효용극대화
가 아니라, 손실극소화전략을 추구하는 것이 생존확률을 높이는 합
리적 전략이다. 또한 진화심리학적 분석에 의하면, 불확실성하에서
확률적 분석을 통한 의사결정과정에 대한 행동실험에서 다수의 실
험대상자들이 이러한 확률적 분석을 원활히 수행하지 못한다는 실
험결과를 인간의 비합리성의 근거로 보기도 어렵다. 왜냐하면, 생존
의 위기국면인 불확실성 상황에서 엄밀한 확률을 추정하기 위하여
노력을 들이기보다는, 사건의 빈도(frequency)를 중심으로 한 경험법
칙(rules of thumb)에 근거한 판단이 생존확률을 더 높일 수 있는 합
리적 전략이기 때문이다.

　여러 복잡다단한 환경변화에 적응하고 살아남는 과정에서 인간
의 두뇌는 놀랍게 발달하고 진화했으며, 그 결과 개개인별로 매우
다양하고도 독특한 특징들을 보이기도 한다. 그러나 이러한 개인적
다양성과 특징들을 넘어서는, 경제적 합리성이라는 보편적 특성을
확인한 것이 진화심리학과 진화생물학적 접근의 가장 큰 기여라고
볼 수 있다.

**개인의 경제적 합리성과
사회차원의 경제적 비합리성**

인간의 경제적 선택과 행위가 경제적 합리성에 의하여 이루어지는지, 혹은 비합리적인 기준에 의하여 이루어지는지는 실증적 분석의 대상이지만, 그 결론이 가지는 정치적 함의를 무시할 수 없다. 그 단적인 예로 인간행동과 경제적 선택이 비합리적 기준에 의하여 이루어진다고 주장하고 있는 행동경제학자들은 개별경제주체들이 비합리적인 만큼, 정부의 적극적인 정책개입의 필요성을 강조하는 경우가 많다. 시장실패가 발생할 경우, 이러한 시장실패 교정을 위한 정부정책개입은 필요한 것이지만, 모든 개인들이 합리적 의사결정능력이 없다는 행동경제학자들의 주장에 근거하여, 정부가 개인의 의사결정에 영향을 미치는 정책개입을 해야한다는 주장이 되고 있다. 이에 반해 인간행동의 기준으로서의 경제적 합리성이 작동하고 있다는 고전경제학적 입장이나 혹은 신고전주의적 견지에서는, 개인들이 각자 자신의 효용을 극대화하기 위한 합리적 선택을 하고 있는 만큼, 정부의 개입은 불필요하다는 것이 기본입장이다.

그러나 개별경제주체들이 자신의 효용을 극대화하기 위한 행동을 선택한다는 '경제적 합리성' 개념이 곧 모든 종류의 정부정책개입이 불필요하다는 주장의 논거로 사용될 수는 없다. 즉 개별경제주체들이 자신의 효용을 극대화하는 합리적 선택을 하는 경우라도, 그러한 선택이 이루어지는 전략변수들이 서로 서로 상승작용을 일으키는 전략적 상보성(strategic complementarity)을 가질 경우, 개인적 합리성에도 불구하고 시장실패가 발생할 수 있으며, 이 경우 사회전체

후생극대화를 위해서는 정부의 정책개입이 필요하다.

예를 들어, 특정은행의 실제 재무상황은 매우 양호한데에도 불구하고, 이 은행이 지급불능사태에 빠질 수 있다는 잘못된 소문이 돌고 있고 또 이 소문에 상당수의 예금자들이 동요하고 있다고 가정해보자. 이 경우, 합리적인 경제주체의 최적의 대응전략은 무엇일까? 두 가지 전략이 있을 수 있다. 첫 번째 전략은, 먼저 이 소문에 의해서 부화뇌동할 것이 아니라, 이 소문의 진위를 파악하기 위해서 이 은행의 최신 재무제표를 구해서, 이 회사의 재무상태의 건전성을 분석해본다. 최신 재무제표를 분석한 결과, 실질적인 지급불능가능성은 매우 낮을 때, 주변에서 잘못된 소문에 영향을 받아, 예금을 인출하는 주변 사람들의 전략에 흔들림 없이 그대로 예금을 유지하는 전략이 있을 수 있다. 두 번째 전략은, 이 소문의 진위에 관계없이 다수의 예금자들이 이 소문에 영향을 받아서 예금을 인출할 경우, 이 은행의 지급불능사태의 위험을 최소화하기 위하여 자신도 같이 예금을 인출하는 전략이다.

위의 두 가지 전략 중 어느 전략이 합리적인 전략인가? 외견상 소문에 의하여 부화뇌동하기보다는, 이 소문의 진위를 확인하기 위하여 재무제표분석을 통해 이 은행의 재무상황이 양호하다면, 아무리 다른 예금자들이 동요하더라도 동요하지 않고 계속 예금을 유지하는 것이 더 합리적인 전략인 것처럼 보일수도 있다. 그러나 은행의 대외지불능력의 구조를 이해하고 있다면, 이러한 전략이 잘못된 비합리적인 전략임이 쉽게 확인된다. 즉 은행은 채무, 즉 은행예치금에 비하여 훨씬 작은, 즉 예치금의 10% 미만의 지불준비금을 보유하고 있기 때문에 전체 예금자 중 이 지급준비금 규모를 상회하는 수준으로 예금자들이 동시에 인출을 요구하는 경우에는 항상 지급 불능사태에 빠질 수 있는 것이다. 따라서 소문의 진위에 관계없이, 그 소문 때문에 많은 예금자들이 동요하면서 예금인출을 시도할 경우에는 자신도 같이 예금을 인출하는 것이 개인적 차원의 경제적 합리성에 부합하는 전략이다.

그렇다면, 과연 이러한 개인차원의 경제적 합리성에 따라 모든 경제주체들이 행동하는 것이, 사회전체차원에서도 합리적인가? 누가 보더라도 이는 명백한 시장실패의 경우이다. 즉 모든 합리적 경제주체들이 개인적 차원의 경제적 합리성에 따라, 소문의 진위를 파악하지도 않고 그 소문 때문에 예금자들이 동요하여 무조건 자신의 예금을 인출한다면, 은행의 지급불능사태는 은행의 실제 지급능력과는 무관하게 아무 때나, 또 어떠한 사소한 외부충격에 의해서도 발생할 수 있게 된다. 이와 같이 은행의 실질적 건실성이나 지불능력과 무관하게, 투자자들 사이에 퍼져있는 투자심리, 혹은 소문이 현실에 있어 그대로 실현되어버리는 지급불능위기나 금융위기를 일러, 자기실현적 위기(self-fulfilling crisis)라 한다. 이러한 자기실현적 위기는 개인차원의 경제적 합리성의 실현이 사회적 차원에서는 명백히 비합리적인 대표적인 사례이다.

뿐만 아니라, 개인적인 차원의 경제적 합리성이, 사회적 차원에서는 시장실패로 나타나는 것은 공유재의 비극뿐만 아니라, 공해와 같은 외부효과가 발생하는 경우와 공공재와 관련한 시장에서는 항상 시장실패가 발생하게 된다. 따라서 앞에서 살펴본 것처럼, 진화생물학과 진화심리학적 분석을 통해서도 확인된 인간의 보편적 행동원리로서 경제적 합리성이 유효하더라도 이러한 개인차원의 경제적 합리성이 항상 사회적 차원의 합리성을 보장하는 것이 아니다. 따라서 인간이 경제적 합리성에 따라 행동하고 선택하는 것이 입증되었다고 곧 정부의 정책개입의 필요성이 부정될 수는 없다. 오히려 개인적 차원의 경제적 합리성이 적극적으로 발현됨에도 불구하고, 구조적으로 시장실패가 발생하는 자기실현적 위기와 같은 경우나, 다른 외부효과에 의한 시장실패가 발생하는 경우에는, 이러한 시장실패를 교정하기 위한 정부의 효율적이고도 과학적인 정책개입이 제도적으로 보장되어야 할 것이다.

3. 경제적 합리성을 가정한 경제학은 엄밀한 과학인가?

(1) 경제학이 과학이 될 수 있는 조건

모든 개별 경제주체들이 자신의 효용을 극대화하려는 경제적 합리성을 실현시킬 때, 사회적 효율성이 극대화되는 균형에 도달할 수 있다는 고전경제학적 분석이 과연 엄밀한 과학적 분석인지에 대한 의구심은 경제학의 출발과 함께 지금까지 계속되고 있다. 특히 경제학은 다른 사회과학과는 달리, 경제현상을 물리학과 같은 과학적 엄밀성을 갖춘 분석이라고 스스로 주장해왔다. 과연 이러한 주장의 정당성이 확보되는지 여부를, 경제학의 과학적 엄밀성에 대한

인식론적 검토를 시도했던 기존의 논의들을 중심으로 살펴보기로
하자.

경제학의 과학성에 대한 의문이란, 경제학의 방법론과 경제이
론의 개념적 구조에 대한 의문을 포함하며, 또한 경제학의 과학적
특성이 물리학과 같은 자연과학적 특성과 차별화되는지 여부에 대
한 질문도 포함하고 있다. 특히 미국을 중심으로 서구세계에서 다양
한 사회과학들이 방법론적 특성에서 과학성을 갖추어야 할 필요성
이 강조되면서, 경제학이 사회과학의 전범(典範, model)으로서의 역
할을 하게 되면서, 더더욱 경제학적 방법론의 과학성에 대한 관심이
제고되어 왔다. 이와 함께, 최근에는 실험경제학과 행동경제학, 그리
고 뇌신경경제학 등의 분야에서 실제 인간행동방식에 대한 실험적
접근이 이루어지면서, 전통적인 경제학의 가정이었던 합리적 선택에
대하여 많은 의문이 제기되기 시작했다.

합리성 가정에 기반한 경제학이 가지는 과학적 엄밀성 및 학문
적 특성의 분석은 곧 과학철학의 과제, 특히 인식론의 문제라고 볼
수 있다. 경제학을 포함한 객관적 과학의 조건에 대한 분석은 18세
기 David Hume과 Immanuel Kant, 그리고 19세기에 John Stuart
Mill과 William Whewell에 의해 상당한 진전을 보이게 되었다. 이
들에 의해서 제기되고, 또 그 이후 최근까지 경제학의 과학성 및 합
리성에 기반한 경제학의 학문적 특성과 관련하여, 제기되었던 질문
들은 크게 다음과 같다: 첫째, 경제학을 포함한 과학의 목적은 무엇
인가? 즉 과학은 인간들의 삶을 개선시킬 수 있는 유용한 지식들을
발견하는 것이 목적인가, 혹은 유용성과는 무관하게 진리 그 자체를

발견하는 것이 목적인가? 둘째, 과학적 설명이 되기 위해서는 어떤 조건들을 충족시켜야 하는가? 셋째, 과학으로서의 경제학의 이론과 모형과 법칙이 어떻게 이루어지고 또 서로 관련되어 있는가? 넷째, 개별과학에서의 이론의 진위를 어떻게 밝히고, 서로 다른 학문들의 이론과는 어떤 관련이 있는가? 다섯째, 모든 개별과학들의 이론적 구조의 진위를 밝히는 방식은 동일한가? 또한 자연과학의 구조가 인간의 행동을 연구하는 경제학에 그대로 적용될 수 있는가? 과학으로서의 경제학의 구조적 특징에 대한 위의 질문들에 대한 지금까지의 주요논의들은 다음과 같다.

(2) 과학의 목적과 과학적 설명의 조건

과학의 목적에 대한 첫 번째 견해는 과학은 정확한 예측을 도와줄 뿐만 아니라, 세계에 대한 진리(truth)를 발견하는 것이 과학의 목적이라고 보는 과학적 실재론(scientific realist)이다. 이 과학적 실재론은 진리를 입증할 수 있는 이론적 근거와 실증적 근거를 찾는 과학적 방법론이 발달할 경우, 이 과학의 내용이 수정되고 변화할 수 있음을 인정하고 있다. 이에 반하여 과학적 비실재론자(anti-realists)들은 과학의 실용적 가치만을 인정하며, 과학이 객관적 진리를 밝히는 기능보다는 인간들의 삶의 조건을 개선하는 데 기여할 수 있는 실용적 기능만을 중시하였는데, Milton Friedman이 대표적인 인물이다.

과학의 목적에 대한 위의 상반된 두 입장은 과학적 탐구가 시

작된 이래 지금까지 계속되고 있으나, 시대적 상황에 따라 두 입장
이 서로 바꾸어가면서 주도권을 잡아왔었다. 한편 우주의 근본적인
입자로서의 양자의 존재의 형태가 관찰자의 역할에 따라 달라지며,
자연계에서는 인과의 법칙이 적용되는 것이 아니라, 확률적 개연성
이 적용된다는 양자물리학(quantum physics)이 확산되면서, 과학적
실재론의 입지가 좁아지는 추이를 보이고 있다. 하지만 과학적 실재
론의 입장에서도, 비록 진리의 조건을 충족시키지는 못하더라도 인
간의 삶을 개선하는 이론들의 유용성을 부인할 수는 없다는 입장이
중론이다.

   과학적 설명의 조건은 세계현상의 규칙성 및 법칙성을 더 근본
적인 규칙성 및 법칙성에 근거하여 설명되어야 한다는 것이다. 그
결과 과학적 설명이 가능한 경우, 항상 그 현상이 예측가능함을 보
여야 한다. 한편 경제학을 포함한 제반 과학에서의 과학적 설명은
크게, 연역적·법칙적 설명모형(deductive-nomological model)과 귀납
적·확률적 설명모형(inductive-statistical model)으로 구분된다.

   연역적·법칙적 설명모형은, 좀 더 근원적이고 본질적인 법칙으
로부터, 연역적으로 도출되는 설명의 형식으로 결정론적 세계관과
상통한다. 한편 이러한 연역적 설명모형이 설명하는 대상의 원인과
인과관계를 설명해주지 못한다는 점은 다음의 사례에서 분명히 드
러난다. 즉 국기봉의 높이는 국기봉의 그림자의 길이와 태양의 각도
를 알 때, 피타고라스의 정리에 의하여 기계적으로 도출할 수 있다.
한편 국기봉의 그림자의 길이와 태양의 각도에서 연역적으로 도출
되는 국기봉의 높이는, 그 국기봉의 높이가 왜 그렇게 결정되었는지

에 대해서는 아무런 설명도 해주지 못한다.

현상에 대한 설명(explanation)이란 통상적으로 그 현상의 원인을 설명하는 것으로 간주되는데, 여러 원인 중의 몇 가지 원인을 나열하는 것을 올바른 설명으로 간주할 수는 없다. 이러한 원인에 대한 언급을 통한 설명이 가능하기 위해서는, 소위 원인과 결과에 대한 인과관계 전체를 논리적으로 설명할 수 있는 이론이 전제되어야 한다. 또 이러한 인과관계에 대한 이론이 있더라도 설명이 현상의 원인 중 일부분에 그치는 경우도 있다. 예를 들어, 광합성이론은 태양의 존재가 밀의 수확을 가능하게 하는 원인임을 설명하고 있으나, 이러한 태양의 존재가 곡물시장에서 밀의 가격을 설명하는 원인으로서는 별다른 설명력을 가지지 못한다.

특히 인간의 경제적 행동을 설명하는 경제학의 설명방식은, 모든 인간의 행위를 그 행위의 이유(reason), 혹은 동기를 통하여 설명하고 있으며, 이러한 이유를 통한 인간행동의 설명이 자연과학적 설명과 근본적으로 다르지 않다고 믿고 있다. 그러나 이러한 이유를 통한 설명은 자연과학적 인과관계의 설명과는 근본적으로 다른 특성을 보이고 있다.

(3) 경제학은 엄밀한 과학인가?

과학을 세계에 대한 입증 가능한 지식의 체계(verifiable system of knowledge)로 정의하고, 또 이러한 과학의 구체적 사례로 물리학을 생각한다면, 경제학을 물리학과 같은 차원의 과학으로 이해할 수 있는가? 입증 가능한 지식의 체계로서 물리학은 세계에 대하여, 모든 물리학자가 동의할 수 있는 논리적 설명, 주로 수학적 언어를 사용하여 증명된 일관성 있는 설명, 즉 이론체계를 갖추고, 이러한 이론이 실증적 증거를 통하여 확인된 객관적 지식의 체계라고 할 때, 경제학도 이와 유사한 형태의 과학으로서의 구조를 갖추고 있는가?

    물리학이 발전하면서, 오늘날과 같은 과학의 체계를 갖추게 된 역사적 과정을 살펴보면, 물리학 역시 초기에는 세계에 대한 다양한 추측과 억측으로 시작된 이론들이, 실증적 근거를 찾아낼 수 있는 과학기술이 발달하면서 정교한 이론적 기초와 함께 실증적 기반이 체계화된 과학으로 자리 잡게 되었다. 경제학 역시 근대경제학이 태동하던 시기에는 철학과 사변적 사회이론과 크게 차별화되지 못한 가운데 규범과학의 형태를 띠다가, 경제현상에 대한 경험적 분석이 가능한 실증자료들이 축적되고, 경제적 의사결정과 자원배분의 효과를 분석할 수 있는 이론적 틀이 갖추어져, 최근의 경제학은 물리학과 마찬가지로 엄밀한 과학으로서의 틀을 점차 갖추기 시작하였다.

    그러나 여전히 매우 복잡한 사회적 관계와 심리적 요인들의 복합작용의 결과 이루어지는 인간의 경제적 선택과 결정이 과연 물리현상과 같은 차원에서 설명하고 예측할 수 있는 것인가 하는 점에는 많은 의문과 비판이 제기되어 왔다. 특히 인간의 경제적 행동에 대한 설명 및 예측가능성의 기반을 이루고 있는 것은, 경제주체들이 행동할 때, 경제적 합리성에 의하여 선택하고 행동한다는 가정인데, 이 경제적 합리성에 대한 가정의 타당성에 대하여 행동경제학자들을 중심으로 많은 문제제기가 이루어져 왔다.

한편 앞에서 살펴본 바와 같이, 현실에 있어서 대다수 경제주체들의 경제적 합리성이 완벽하지 않은 제한된 합리성(bounded rationality)을 보이지만, 경험이 누적되면서 경제적 합리성의 진화가 예측가능하게 이루어지는 일관성이 확인되었다. 따라서 이러한 제한된 합리성에 의한 오차 혹은 변이가능성은 존재하지만, 인간의 경제적 선택과 결정은 여전히 '진화하는 경제적 합리성'원칙에 의하여 이루어지는 만큼, 인간의 경제적 선택과 행동에 대하여 입증가능한 객관적 지식의 체계로서, 즉 과학으로서의 경제학적 설명과 예측이 가능하다고 볼 수 있다.

특히, 경제학은 세계에 대한 순수한 지적 호기심에서 시작된 학문이라기보다는, 자원부족에 의하여 초래되는 개인적 절망과 사회적 갈등, 그리고 민족과 국가간의 분쟁을 최소화하고자 하는 매우 실천적 동기에서 시작된 학문이다. 따라서 이와 같이 자원부족에 의하여 초래된 개인적 절망과 사회적 갈등, 국가간 분쟁을 최소화하기 위한 최적자원배분 원칙을 밝히고자 하는 경제학의 노력이 유의미하기 위해서는, 경제학이 제시하는 최적자원배분원칙에 대하여 모든 이해당사자들이 동의할 수 있는 과학적 분석과 예측이 필요불가결한 요소이다. 즉 경제학이 최적자원배분원칙을 밝히는 경제학으로서 작용하기 위해서는, 엄밀한 과학으로서의 요건을 갖추는 것이 불가결한 전제조건이기 때문에, 설명대상으로서의 경제주체가 가진 경제적 합리성이 제약되어 있더라도, 이러한 진화하는 합리성에 기반한 경제현상에 대한 과학적 분석과 예측은 반드시 이루어져야 하며, 이는 경제학자들의 의무라고 볼 수 있다.

4. 경제적 합리성은 지속가능한 자본주의의 기본이념일 수 있는가?

산업혁명 이래 고전적 자본주의체제에서 강렬한 이윤동기가 새로운 혁신을 촉진하면서 산업발전과 역사발전의 원동력으로 작동할 수 있었던 이유는, 이러한 고전적 자본주의에서 이윤발생의 원천은 새로운 부가가치를 창출하는 혁신과 이를 위한 노력이었기 때문이다. 그러나 최근 금융자본주의에서 금융자산의 시세차익이 이윤발생의 주된 원천으로 등장하면서, 이러한 금융자산에 대한 투기적 거래가 대부분의 금융거래를 차지하였다. 그 결과 1980년대부터 최근까지 세계금융위기의 빈도와 강도가 더욱 커져왔고, 결국 금융자본주의의 지속가능성에 대한 회의가 제기되고 있다.

금융자본주의의 주력산업인 금융산업이 부가가치를 창출하는 원천은, 한계생산이 낮은 부문의 잉여자본이 상대적으로 한계생산이 높은 고부가가치부문에 투입될 수 있도록 자본 중개기능을 수행하여, 자원의 효율적 재배분을 수행하는 경제체제에서의 혈관역할이다. 이와 같이 금융산업은 현재뿐만 아니라 미래에 걸쳐 새로운 부가가치를 창출할 수 있는 산업을 찾아내고 발굴하는 분석능력을 갖추고서, 잉여자본을 이러한 고부가가치부문에 투자될 수 있도록 최적자원배분의 역할을 수행하기에 상대적으로 높은 부가가치를 창출하는 산업으로 평가되어 왔다.

그러나 최근의 세계금융위기를 확대, 재생산하는 주된 역할을 해온 금융산업의 주된 이익의 원천은 새로운 부가가치를 창출하도록 잉여자본의 효율적 재배분이 아니라, 금융자산의 시세차익을 극대화하는 노력으로 바뀌었다. 또 이러한 금융자산의 시세차익 극대화를 위하여 시장지배력을 이용한 인위적 금융자산의 시장가격조작능력이 곧 이윤창출능력으로 간주되게 되었다. 그 결과 투기적 금융산업에 기반한 금융자본주의의 지속가능성에 심각한 의문이 제기되면서, 동시에 이러한 금융자본주의의 기반인 경제적 합리성개념이 자본주의의 지속가능한 전제 및 기본이념일 수 있는가에 대한 의문도 제기되어 있다.

앞에서 살펴보았듯이, 경제적 합리성은 '자신의 효용을 극대화하려는 성향'으로 정의할 수 있으며, 현실에 있어서 관찰되는 경제주체들은 경제적 합리성에 부합되지 않는 선택을 하는 경우도 있음을 행동경제학 등의 실험을 통하여 확인하였다. 또 이런 실험결과를 바탕으로 모든 경제주체가 항상 경제적 합리성에 근거해서 선택을 하는 것이 아니며, 따라서 대부분의 인간행동은 제한된 경제적 합리성(bounded rationality)에 근거하여 행동이 이루어짐을 보여주었다.

한편 이와 같은 제약적 합리성에 대한 증거에 기반하여 인간의 경제적 선택은 항상 비합리적으로 이루어진다고 주장할 수는 없으며, 이런 '제약된 합리성' 개념자체는 최적자원배분을 위한 인간의 경제적 선택과 행동을 설명하고 예측하는 데 있어, 큰 설명력을 가지지 못함도 확인하였다. 따라서 경제현상의 유의미한 분석과 예측을 위해서는 제한된 합리성이지만 역사적 경험을 통하여 점진적으로 진화하는 경제적 합리성개념이 가장 현실적합성이 높은 경제적 합리성 개념임이 확인되었다.

한편 제한적이지만 진화하는 경제적 합리성에 의하여 모든 경제주체들이 행동함에도 불구하고, 최근의 금융자본주의체제에서 금융위기의 빈도와 강도가 더욱 커지고 있는 것은 무엇 때문인가?

우리는 앞에서 금융산업을 포함하여, 경제주체들의 전략변수가 상호보완적인 전략적 상보성(strategic complementarity)을 보일 경우에는, 모든 개인들이 경제적 합리성에 의하여 행동할 때, 사회적 효율성과 합리성은 충족될 수 없는 경우를 살펴보았다. 그 구체적인 예가 은행인출사태이다. 즉 은행의 예금입출금 등의 거래비용이 매우 낮을 경우에는, 비록 은행인출사태가 전혀 근거없는 소문에 의하여 초래되었다는 것을 아는 경우이더라도, 다수의 예금주들이 예금인출을 시도할 경우, 같이 예금인출에 동참하는 것이 개인적 합리성에 부합하는 전략이다.

한편 이와 같이 예금주들이 개인적 합리성에 의하여 행동할 경우, 은행인출사태는 은행의 실제 건실성과는 무관하게, 언제 어느 때이든 발생할 수 있게 되어, 사회적 합리성은 충족될 수 없게 된다. 따라서 이 은행인출사태에서 보듯이 개인적 합리성과 사회적 합리성을 조화시키기 위해서는 개인적 합리성이 사회적 합리성에 부합하도록 적절한 정책개입이 필요하다. 즉 이 은행인출사태의 경우, 은행에서 예금을 인출하기 전에, 소문의 진위와 인출사태의 심각성을 좀 더 진지하게 검토하도록 유도하기 위하여, 은행의 입출금거래비용과 같은 금융거래비용을 소폭 인상하는 등의 정책조정이 필요하다.

마찬가지로 금융자본주의체제에서는 개별경제주체들은 개인적 합리성에 근거할 경우, 금융자산의 시세차익 극대화를 위하여 금융자산의 가격조작까지 포함한 투기적 금융거래에 참가할 유인이 있다. 이러한 개인적 합리성에 근거한 투기적 금융자산거래 동기는 항상 금융자산의 거품형성과 이 금융자산의 거품붕괴에 따라 주기적인 금융위기를 초래하여, 결과적으로 사회적 합리성의 붕괴를 초래해왔다. 이와 같이 금융자본주의체제에서 개인적 합리성과 사회적 합리성의 모순과 괴리는 은행인출사태와 마찬가지로, 투기적 금융거래의 동기를 낮추어주는 정책을 통하여 해소할 수 있다. 즉 외환시장, 주식시장 등 금융시장 전반에 걸쳐, 모든 투자자들이 개인적 합리성에 근거하여 투자전략을 선택할 경우, 자기실현적 금융위기(self-fulfilling financial crisis)가 빈발하는 시장실패가 발생할 것이다. 이때, 개인적 합리성과 사회적 합리성의 괴리를 극복하기 위한 정책으로 투기적 거래동기를 낮추기 위하여 금융자산거래세 등의 거래세를 부과하여 투기적 금융자산거래의 거래비용을 높이거나 투기적 금융자산거래를 통한 매매차익에 대하여 금융소득세를 부과할 경우, 자기실현적 위기와 같은 시장실패는 방지하면서 개인적 합리성이 사회적 합리성과 부합하도록 유도할 수 있다.

이와 같이 개인적 합리성이 사회적 합리성과 부합하도록 필요한 정책적 보완이 이루어질 경우, 경제적 합리성이 대부분의 경제주체에게서 제한된 합리성(bounded rationality)의 형태로 나타나더라도, 경제적 합리성개념은 여전히 지속가능한 자본주의체제의 기본이념으로 유효하다고 볼 수 있다. 즉 개인적 합리성이 사회적 합리성과 부합되도록 정책적 보완이 이루어질 경우, 모든 경제주체들이 자

신의 효용을 극대화하고자 하는 경제적 합리성을 실현하고자 노력
할 때, 혁신동기가 극대화되면서 사회적 효율성이 극대화됨과 함께,
자기실현적 위기와 같은 금융자본주의의 구조적 모순을 극복하면서
지속가능한 자본주의체제의 정착이 가능할 것이다.

Chapter_05

지속가능한 자본주의체제를 위한
한국경제의 과제

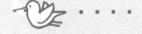

지속가능한 자본주의체제와 경제적 합리성
- 경제적 합리성에 대한 철학적 반성 -

I. 지속가능한 한국자본주의체제의 기본요건

1. 지속가능한 자본주의 체제의 기본요건:
혁신동기와 자본주의

> 모든 사회구성원들이 혁신동기를
> 가질 때만 자본주의는 지속가능하다

지속가능한 자본주의의 첫 번째 조건은 개인적 합리성이 사회적 합리성과 배치되지 않도록, 즉 개인적 선택의 유인조건을 사회적 합리성과 일치하도록 제도설계를 해야 한다는 점이다. 즉 자본주의체제의 최대강점은, 자유롭게 이윤을 추구할 수 있는 이윤동기가, 새로운 가치를 창출하는 혁신(innovation)을 촉진할 수 있는 가장 강력한 유인체계(incentive system)로 효과적으로 작용하였다는 점이다. 그 결과, 자본주의체제에서는 이전의 그 어떠한 체제보다도 빠르고 또 효과적으로 새로운 가치를 창출하는 혁신활동이 왕성하게, 또 모든 경제주체들에 의하여 이루어졌다. 그 결과는 오늘날 우리가 경험하는 것처럼, 과학기술과 경영기술의 획기적인 발달로 모든 산업에 걸친 생산력의 기하급수적인 성장과, 생활수준의 개선이다.

그러나 1980년대 이래 최근까지 경험한 자본주의, 특히 금융자본주의를 중심으로 한 자본주의의 이윤추구활동은, 새로운 가치를 추구하는 혁신활동에 근거하기보다는, 각종 금융자산 및 실물자산가격의 조작을 통한 자산가격의 시세차익(arbitrage profits) 실현에 주로 기반하였다. 앞에서 살펴본 바와 같이, 소위 금융산업의 새로운 혁신을 통하여 개발된 각종 신종 금융상품들, 예를 들어 신용부도스와프(Credit Default Swap)나 부채담보부증권(Collateralized Debt Obligation)은 금융시장에서 자본조달의 효율성과 투자자들의 위험 회피를 높이는 수단으로 구상되었다. 그러나 결과적으로 이러한 금융상품을 발행하는 금융기관이나 투자자들 모두 금융자산의 건전성을 확보하고 또 확인하는 최소한도의 책임과 노력도 모두 집단적으로 회피하여, 금융산업 전체에 걸친 도덕적 해이가 만연하였다. 그 결과 자산가격의 거품이 광범위하게 형성되었으며, 이러한 자산거품이 투기적 이윤동기를 확대재생산하는 결과를 초래하였다.

이와 같이 자기파괴적인 금융자본주의적 합리성을 교정하여, 새로운 가치창출을 가능하게 하는 혁신활동을 촉진하는 자본주의의 원형을 회복할 경우에만 자본주의는 지속가능한 체제로 작동할 수 있다. 이러한 반성은 결국 자본주의에 근거한 사회시스템의 지속가능성에 관심과 의문을 불러일으켰으며, 이러한 사회체제의 지속가능성 여부에 있어, 점차 심화되는 사회계층간 빈부격차에도 관심이 집중되게 되었다.

빈부격차가 지속가능한 사회시스템의 한 현상이 되기 위해서는, 이러한 빈부격차가 이윤추구 동기를 촉발시키고, 또 이러한 이윤추구동기가 새로운 가치창출을 위한 혁신활동을 촉발시키는 선순환구조의 촉발제로 작용할 경우에 한한다. 만약 빈부격차가 새로운 혁신활동을 위한 촉발제로서 작용하는 것이 아니라, 새로운 혁신활동의 동기를 저지할 정도로 극심한 경우, 그 자체로서 심각한 시장실패를 초래하는 사회적 병리현상이다. 따라서 우리사회에 현존하는 빈부격차의 수준이 새로운 혁신활동을 향한 유인체계로 작동하여, 사회계층간 이동의 역동성을 보장해주는 수준인지, 혹은 빈부격차의 정도가 극심하여, 빈곤계층의 현실적인 사회계층 이동자체가 차단되어, 결과적으로 빈곤계층의 혁신활동이 원천적으로 이루어질 수 없는 상황인지에 대한 면밀한 분석이 필요하다.

지속가능한 자본주의체제의 선결조건인 모든 사회구성원이 혁신동기를 가질 수 있는 사회체제를 위해서는, 혁신활동을 촉진하는 이윤동기 및 사회계층이동이 원활하게 이루어지는 사회적 역동성이 보장되어야 한다. 이러한 사회적 역동성이 유지되기 위해서는 모든 사회구성원들이 혁신활동의 유인을 가질 수 있도록, 최소한의 인적 자본투자와 최저생계를 보장해주는 작동하는 사회안전망이 구축되어야 한다. 이러한 사회안전망이 작동하지 않는 가운데, 사회저소득층이 아무리 노력하여도 빈곤을 탈출할 수 없는 사회구조에서는 이러한 사회저소득층은 스스로 혁신노력을 포기할 수밖에 없다. 이렇게 스스로 혁신동기조차 가질 수 없는 사회계층이 발생할 때, 경제 전반의 효율성이 저하될 뿐만 아니라, 사회양극화 심화에 따른 체제의 지속가능성이 더욱 낮아지게 된다.

혁신체제의 기초: 작동하는 사회안전망과 자원배분을 왜곡하는 투기적 거래규제정책

위에서 살펴보았듯이, 자본주의체제의 지속가능성을 위한 전제조건으로서 모든 사회구성원이 혁신동기를 유지하기 위해서는 첫째, 모든 사회구성원이 혁신동기를 가질 수 있는 최소한의 인적자본투자와 최저생계가 보장되는 사회안전망이 구축되어야 한다. 둘째, 이러한 혁신동기가 지속적으로 확대재생산되며 새로운 가치창출의 원천이 되기 위해서는 원활한 사회계층이동을 포함한 역동적 사회시스템이 유지되어야 한다. 이러한 역동적 사회시스템의 구축을 위해서는 사회계층간 진입장벽과 기득권(rents)이 최소화되어야 한다. 셋째, 자산시장의 가격을 조작하여 자원배분을 왜곡하고, 결과적으로 시장의 효율성과 사회효용을 떨어뜨리는 시장교란행위를 적극적으로 교정하는 정책개입이 이루어져야 한다. 금융시장에서 새로운 파생금융상품들에 대한 투기적 거래를 통하여 금융시장 교란을 확대하거나, 외환시장에서의 투기적 거래에 의한 외환시장불안, 그리고 부동산 투기 등을 통하여 자산시장의 가격왜곡 및 자원배분 왜곡을 초래하는 시장교란행위들에 대해서는 정부가 투기적 금융거래세나 자산거래차익에 대한 과세정책 등을 통하여 시장교란을 억지하는 것이 필요하다. 이러한 정책개입을 통하여 자원배분의 왜곡을 억제할 때, 사회적 생산자원은 혁신적 활동에 투입되어, 새로운 가치창출을 통한 지속적 성장의 선순환이 가능할 것이다.

2. 한국자본주의체제는 지속가능한가?

우리는 지속가능한 자본주의체제를 위해서는 저소득층을 포함하여 사회 모든 구성원들이 혁신동기를 가질 수 있도록, 인적자본투자, 즉 교육기회가 공정하게 주어지고, 또 최저생계가 보장되는 튼튼한 사회안전망 구축이 이루어져야 함을 확인하였다. 또한 혁신동기의 지속적 확산을 위하여 역동적 사회시스템의 요건으로서 사회계층간 진입장벽과 기득권이 최소화되어야 한다. 또 혁신동기를 위축시키는 시장교란행위와 자원배분을 왜곡하는 투기적 거래를 규제하기 위한 효율적인 정책개입이 이루어져야 한다.

일제 강점기를 지나 대한민국이 건국되고, 또 한국전쟁을 겪은 직후의 한국경제는 산업자본축적이 거의 이루어지지 못한 가운데, 자본주의체제라고 부를 수 있을 정도의 산업기반도 없는 세계최빈국 수준으로 국민대다수가 최저생계수준을 벗어나지 못하는 실정이었다. 산업자본 축적이 이루어지지 못한 가운데, 산업기반도 없는 국가의 경제체제에 대한 논의가 무의미하지만, 중앙계획경제가 아니라는 측면에서 자본주의적 틀에서 출발하였다.

그 후 1960년대부터 군사독재체제에서 시행된 개발독재체제(development dictatorship)는, 빈곤타파를 슬로건으로 하여 중앙정부가 일방적으로 설정한 경제개발계획에 따라 해외에서 차입한 자본을 중앙집권식으로 배분하여 산업자본형성을 시작하였다. 따라서 1960년대 경제개발 초기부터, 군사정권으로부터 특혜적 자원배분을 받은 일부 기업들은 결국 오늘날 재벌로 발전하면서, 산업화초기부터 극심한 빈부격차구조가 자리 잡게 되었다. 그럼에도 불구하고, 대다수 국민들은 60년대 이래의 중앙집권적 산업화 과정에서, 저임금의 노동집약적 산업에 취업기회가 주어져, 산업화 이전의 극빈상태에서부터 벗어날 수 있는 기회에 상대적인 만족을 보이며, 군사개발독재체제는 높은 정치적 지지를 누렸다.

또한 군사정부로부터 직접적인 자본특혜를 받는 일부 대기업을 제외한 대부분의 사회계층도 유사한 극빈상태에서 벗어나는 과정에서 상당한 사회적 역동성을 보이기도 했다. 그 결과 60년대 이래 80년대에 이르기까지 전 사회구성원들은 빈곤탈출을 위한 동기, 또 소시민 및 상공인들도 부의 축적 및 자본축적을 위한 강력한 이윤동기와 혁신동기가 강하게 작용하였다. 그 결과 개발독재기간을 통틀어 연평균 성장률이 9%대에 가까운 높은 성장률을 보여, 전 세계에 걸쳐 고속압축경제성장의 사례로 거론되어 왔다.

그러나 80년대 후반부터 대다수 국민들이 극빈상태를 벗어나면서부터 사회적 빈부격차, 특히 산업화과정에서 다양한 특혜를 받아서 성장했던 재벌 및 대기업들과 중소기업간의 격차, 그리고 특권적 부유층에 대한 비판적 여론 및 사회적 갈등이, 군사독재체제에 대한 정치민주화 요구와 함께 분출되었다. 이러한 빈부격차 및 사회적 불평등구조에 대한 사회적 갈등심화로 노동비용이 빠르게 증가하였으며, 대기업 노조를 중심으로 한 노동자들의 소득수준이 상당부분 개선되었다. 한편 이러한 노동계층의 실질적 소득개선은 대기업 노조에 국한되어 배타적으로 이루어져, 노동귀족이라는 용어까지 생기기도 하였다.

그러나 1997년 아시아 외환위기에서 촉발된 한국의 외환위기, 그리고 2008년 미국발 세계금융위기를 겪으면서, 한국사회의 빈부격차와 사회양극화는 다시금 빠르게 악화되어 왔다. 그 결과, 80년대 이래 등장했던 소위 중산층이 최저생계수준까지 위협받는 수준으로 몰락하고, 사회적 특권과 기득권을 누리는 고소득층을 제외한 대부분 사회계층의 청년들이 소위 '88만원 세대'로 불리는 가운데, 혁신동기를 상실하는 심각한 사회양극화 현상을 겪고 있다.

이런 가운데, 자산가뿐만 아니라, 중산층을 포함하여 서민들조차도 소득창출을 위하여 혁신을 통한 새로운 가치창출을 통해 부를 축적하기보다는, 투기적 자산거래를 통하여 매매차익을 실현하려는 노력에 주력하였다. 그 결과 한국의 주식시장과 선물환시장은 세계에서 가장 투기성이 높은, 초단기거래비중이 가장 높은 시장으로 전락하였다. 이러한 사회양극화 현상의 심화와 함께, 사회전반에 걸친 혁신동기가 쇠퇴하여, 한국자본주의체제의 지속가능성에 적신호가 켜졌다. 한편 한국의 정치권은 이러한 사회양극화와 그에 따른 혁신동기의 감소를 원천적으로 해소하기 위한 정책보다는, 일시적인 정치적 지지확보를 위한 포퓰리즘 정책에 주력하고 있어, 한국자본주의체제의 지속가능성은 더욱 큰 위기를 맞고 있다. 이러한 위기에 직면하여, 앞에서 살펴본 경제적 합리성 개념에 기초하여, 한국자본주의체제의 지속가능성을 높일 수 있는 정책방안들을 주요이슈별로 분석하기로 한다.

II. 지속가능한 자본주의체제를 위한 한국경제의 과제

1. 지속가능한 자본주의체제와 보편적 복지정책: 복지포퓰리즘 논쟁

　　지속가능한 자본주의체제는 모든 사회구성원들이 적극적으로 혁신활동에 참가할 수 있도록 혁신동기를 부여하는 체제이며, 이를 위해서는 모든 사회구성원들이 혁신활동에 참가할 수 있도록 인적자본투자, 즉 평등한 교육기회를 부여하고, 또 비자발적 실업상태에 빠졌을 때는, 재취업기회를 얻을 때까지 최저생계를 보장해주는 사회안전망을 구축하는 것이 필수적이다. 한편 지난 97년의 아시아외환위기와 2008년의 세계금융위기를 겪으면서 더욱 심화된 사회양극화와 그 결과 사회적, 정치적 불만이 누적되면서, 정치권은 경쟁적으로 보편적 복지정책을 표방하게 되었다. 이러한 보편적 복지정책 공약이 단순히 정치적 지지만을 노린, 무책임한 재정지출확대정책이라는 비판과 함께 복지포퓰리즘 논쟁이 일고 있다.

　　현재 한국사회에서는 저소득층을 포함한 사회한계계층이 비자발적 실업상태에 빠졌을 때, 새로운 취업기회를 모색하는 과도기간 동안에 최저생계를 보장하는 사회안전망이 작동하지 않고 있다. 즉 저소득층에 있어, 실업은 곧 생존위기를 의미하며, 재취업을 위한 직업재교육이나 저소득층 인력에 대한 인적자본투자를 통한 고용확대정책이 효율적으로 작동하지 못하고 있다. 또 이와 같이 저소득층 노동력이 실업상태에 빠지면, 재취업을 모색하는 과도기간 동안의 최저생계가 보장되지 않기 때문에 한계계층으로 전락하여, 사회적 실업심화와 사회양극화의 악화라는 악순환이 반복되고 있다.

이러한 사회양극화와 사회적 실업악화에 따른 사회효율성 저하를 극복하기 위해서는 전체 저소득층과 사회한계계층에 적용될 수 있는 체계적인 사회안전망 구축이 필수적이다. 즉 저소득층이 실업상태에 빠졌을 때, 새로운 취업을 위한 직업재교육서비스를 제공하고, 또 그 과도기간 동안에 최저생계를 보장하는 사회안전망 구축은, 사회통합 및 사회적 효율성을 높이기 위한 공공재로서 정부의 필수적인 의무이다. 이와 같은 공공재 공급이라는 정부의 필수적인 의무를 정부는 재정부족이라는 이유로 기피하고 있어, 사회양극화는 더욱 심화되고 있다. 이러한 사회안전망 구축을 위한 추가적인 재원 마련을 위하여, 우리나라의 소득세 등 조세체계를 OECD 평균수준으로 개편하여, 고소득층의 납세능력에 걸맞게 누진적 세율을 조정하는 것이 필수적이다. 고소득층의 추가적인 조세부담을 통한 사회안전망 구축은 결과적으로 사회통합 및 사회효율성 개선을 통하여, 고소득층에게 가장 큰 혜택을 가져다주는 공공재이기 때문에, 세제개편을 통한 사회안전망 구축에 정부가 적극적인 정책노력을 기울여야 한다.

한편 소득수준과 무관한 무상급식과, 역시 소득수준과 무관한 영유아보육지원이 모든 소득계층에게 제공되는 보편적 복지정책이 정치권에서 경쟁적으로 제기되면서, 복지포퓰리즘 논쟁이 커지고 있다. 이러한 논쟁에 대한 해법을 찾기 위해서는, 정부의 기본역할 및 복지정책과 관련한 경제적 합리성에 대한 기본이해를 다질 필요가 있다. 정부의 기본역할은 민간부문에서 공급이 불가능한 공공재를 사회최적의 수준으로 공급하고, 또 외부효과의 결과 시장실패가 발생하는 부문에서, 이 시장실패를 교정하기 위한 정책개입을 하는 것이 정부의 기본역할이자 의무이다. 한편 시장실패가 발생할 여지가 없는 사적 재화(private goods)의 생산과 공급 및 거래과정에 정부가 개입하는 것은 효율적인 민간경제를 구축(drive-out)하여, 경제적 효율성을 떨어뜨리는 정부실패에 해당한다.

　　이러한 과정에서, 복지정책서비스가 공공재적 정책서비스로 간주되는 이유는, 사회한계계층이 겪는 생존의 위기가 방치되는 것은, 단순히 인도주의적 차원에서의 고통일 뿐만 아니라 사회전체의 체제안정성을 위협하는 매우 부정적인 외부효과가 발생하는 사회적 비용이기 때문이다. 공공재로서의 복지정책서비스는 저소득층을 포함한 사회한계계층이 생존의 위기로부터 해방되어, 사회적 생산활동에 복귀할 수 있도록 지원하는 사회통합적 역할을 수행한다. 즉 공공재로서의 사회복지정책서비스는 단순한 인도주의적 시혜가 아니라, 사회전체의 효율성을 높이기 위한 필수적인 정책이다.

　　이와 같이 공공재로서의 사회복지정책의 기본요건을 고려해보았을 때, 최근 한국사회에서 논의되고 있는 소위 '보편적 복지정책'은 현재의 한국적 상황에서는 사적 서비스(private service)에 더 가까운 급식 및 영유아보육서비스를, 소득수준과 아무 관계도 없이 모든 사회계층에게 정부의 국고를 통하여 공급하겠다는 정책으로서, 사적 서비스시장을 정부부문이 구축(drive-out)하여 사회후생을 떨어뜨리는 전형적인 포퓰리즘에 가깝다.

지속가능한 빈부격차와 소득재분배정책
(effective social safety net) 및 부유세 분석

인류역사는 인류의 욕
구를 충족시키기에는
턱없이 부족한 자원을

둘러싸고, 이 자원을 확보하기 위한 갈등의 역사로 특징 지어진다.
즉 모든 역사적 고비마다, 항상 자원부족 때문에 개인간 갈등, 사회
적 갈등, 그리고 부족 및 국가간 갈등이 지속되어 왔다. 이러한 과정
에서, 18세기 이래 전개된 산업혁명은 인류역사상 전대미문의 생산
력 증대를 가능하게 하였으나, 이러한 생산력의 획기적인 증가는 오
히려 노동장의 삶의 질을 개선시키기보다는 자본가와 노동자간 빈
부격차와 계급갈등을 더욱 악화시키는 결과를 초래하였다.

이러한 사회적 갈등의 누적되면서, 결국 산업혁명 이후의 산업
자본주의는 근본적으로 지속가능성을 결여한 경제체제라는 비판과
함께, 계획경제에 기반한 공산주의체제가 과잉생산과 이에 따른 경
기변동이나 주기적인 경제공황가능성도 없는 더욱 안정적이며 지속
가능한 경제체제라는 주장과 신념이 빠르게 확산되었다. 그 결과,
1917년 러시아에서의 10월 혁명을 계기로 인류역사에 있어 최초로
능력만큼 일하고 필요한 만큼 소비할 수 있는, 또 필요한 만큼 생산
하기에 왜곡된 이윤동기에 의한 과잉생산이 발생하지도 않고, 또 과
잉생산이 없기에 경기변동이나 경제공황도 발생하지 않을 것으로
기대되었던, 지속가능한 경제체제로서 공산주의체제시험이 역사상
최초로 시도되었다.

한편 이러한 역사적 실험의 결과는 지난 1990년대 소연방해체
와 동유럽의 공산체제가 붕괴되면서, 계획경제체제실험은 더 이상

지속가능한 자원배분시스템이 될 수 없다는 것이 최근세사가 보여
준 결론이다. 즉 이윤동기가 작동하지 않는 계획경제체제에서는 혁
신노력을 촉발하는 유인체계가 작동하지 않았던 것이다.

그렇다면, 계획경제체제가 붕괴된 이후 유일체제로 작동하고
있는 자본주의체제는 과연 지속가능한가라는 질문은, 곧 현재의 자
본주의체제가 모든 경제주체들에게, 지속가능한 경제활동의 동기와
혁신동기를 부여하고 있는가라는 점, 즉 지속가능한 혁신노력의 유
인체계(incentive system)로 작동하고 있는가라는 질문으로 귀착된다.

앞선 역사적 실험에서 확인되었듯이, 사유재산이 허용되지 않
고, 노동과 혁신활동(innovation)에 대한 개인적 동기부여체제가 작
동하지 않았던 계획경제체제가 그 지속가능성을 확보하지 못한 반
면, 사유재산이 허용되고, 이윤동기가 작동했던 시장경제체제를 기
반으로 한 자본주의체제에서는 왕성한 생산 및 혁신활동이 확대재
생산되어 전대미문의 생산력증대 및 기술혁신이 이루어져 왔다. 생
산 및 혁신활동에 대한 분명한 동기부여(motivation)라는 측면에서
사유재산제도보장과 더 많은 혁신활동에 대하여 더 큰 보상
(remuneration)을 해주는 유인체계(incentive system)가 결국 개인간
소득격차를 낳게 되고, 그에 따라 개인간 및 집단간 혁신활동의 성
과가 차별화되면서, 개인간 및 사회간 빈부격차도 더욱 분명하게 나
타났다.

개인간 및 사회간 혁신활동 정도의 차이를 반영하는 빈부격차
는, 지속적인 혁신활동을 촉진하는 매우 효과적이고도 생산적인 유
인체계의 결과이며, 동시에 추가적인 혁신활동을 자극하는 분명한

유인체계로 작동할 수 있다.

그러나, 최근 아프리카 등 절대빈곤국가는 물론이고, 미국, 영국 등 서방선진국에서조차, Gini계수[1]로 나타나는 빈부격차가 더욱 심화되면서, 빈곤층 및 극빈층의 인적자본(human capital) 형성을 위한 교육투자 및 기술훈련투자기회가 점차 줄어들고, 그로 인해 빈곤층의 취업기회가 더욱 감소하면서, 노동시장에서 영원히 퇴출되어, 사회적 위기와 긴장이 심화되고 있다. 즉 선진국을 포함하여, 아프리카 개도국에 이르기까지, 현재의 소득불평등수준은, 더 높은 소득창출을 위한 혁신동기를 부여하는 유인체계로 작동하기보다는, 저소득층의 소득창출을 위한 기초교육 등 인적자본형성을 위한 최소한도의 투자조차도 불가능하게 만들어, 소득불평등을 더욱 심화시키면서, 저소득층의 혁신동기는 물론이고 노동의욕까지 감퇴시키는 악순환을 심화시키고 있다.

당초, 초기 자본주의체제에서는 '이윤을 향한 주홍빛 욕구'는 새로운 혁신과 노동의 원동력으로 작동하면서, 생산기술 및 사회적 생산력의 급속한 발전을 견인하는 역할을 했었다. 또 이러한 혁신활동에 대한 보상으로서 주어진 이윤이 축적되어 초래되는 빈부격차는 또 다른 혁신활동을 촉진하는 유인체계로 작동하여, 빈부격차가 곧 왕성한 혁신활동이 이루어지는, 작동하는 자본주의의 상징으로

---

1 Gini계수는 인구분포와 소득분포와의 관계를 나타내는 수치로서, ⟨0⟩은 완전평등, ⟨1⟩은 완전불평등한 상태이다. 즉 소득불균등의 정도는 인구분포와 소득분포가 완전 일치하는 균등도선(기울기 45도의 직선)과 실제 인구분포에 따른 소득분포를 보여주는 로렌츠 곡선으로 둘러싸인 면적(λ)으로 나타난다. 그리고 균등선과 횡축, 종축으로 둘러싸여진 삼각형의 면적을 S라 할 때, λ/S를 지니계수라고 부른다.

간주되었다. 그러나 최근의 빈부격차는 저소득층과 한계계층의 혁신 동기를 원천적으로 불가능하게 할 정도로 심화되어, 사회전체적인 혁신수준과 생산력을 떨어뜨리는 역할을 하고 있다. 이러한 상황에 서 필요한 것은, 빈부격차의 수준과 정도가 다시금 모든 경제주체의 혁신동기를 촉진할 수 있는 수준으로 재조정되어야 한다는 점이다. 즉 저소득층 및 한계계층이 혁신동기를 가질 수 있을 수준으로, 최 소한의 교육 및 인적자본형성을 위한 기회가 제공되고, 실업상태에 처했을 경우, 재취업이 될 때까지 직업훈련 등 재교육을 받으며, 최 저생계가 보장되는 가운데, 자신의 부가가치를 높일 수 있는 작동하 는 사회안전망을 갖추는 것이 지속가능한 자본주의체제의 선결조건 이다.

위에서 사회의 모든 구성원들이 혁신동기를 가지고 생산활동 에 참가할 수 있는 전제조건으로서, 저소득층과 사회적 한계계층이 실업상태에 빠졌을 때, 재취업을 위한 직업재교육과 같은 인적자본 육성을 위한 교육투자를 받을 동안 최저생계를 보장해주는 사회안 전망을 갖추는 것이 필요함을 확인하였다. 이 작동하는 사회안전망 을 구축하는 데 절대적으로 부족한 재원마련을 위하여, 납세능력이 있는 부유층의 더 많은 조세부담이 필수적이며, 이를 위하여 누진 소득세율을 강화하고 추가적인 부유세 등의 조세개혁이 필요하다. 한편 이러한 부유층에 대한 조세부담증가가 우리사회의 혁신동기를 떨어뜨리며, 전체적인 사회효율성을 떨어뜨릴 것이라는 의견이 제 기되기도 한다. 그러나 고소득층의 조세부담 증가가 곧 고소득층의 혁신동기를 감소시킬 것이라는 주장은, 경제주체들의 행동동기를 이해하지 못한 결과이든지, 혹은 이해하고 있음에도 불구하고 사회 전체의 효용를 극대화하는 관점보다는 부유층의 단기적인 부의 극대화에만 관심을 가진 매우 근시안적인 견해임은 다음의 논의에서 분명해진다.

누진소득세나 부유세가 사회적 효율성을 저하시킬 수 있는 경우는, 누진소득세나 부유세 때문에 고소득층이 혁신동기를 상실하는 경우이다. 합리적인 경제주체는 항상 자신의 추가적인 노력이 수반하는 한계비용과, 또한 그 추가적인 노력이 가져오는 한계효용의 상대적 크기에 따라, 그 추가적인 노력을 경주할지 여부를 결정한다. 이러한 점을 고려할 때, 고소득층에 대하여 소득세 누진율을 높이거나 부유세를 부과할 경우, 고소득층의 혁신동기가 감소하여, 사회적 효용이 감소할 것이라는 우려는 경제적 논리에 부합하지 않는 근거없는 우려임이 분명해진다. 즉 고소득층에 대한 세율이 인상되거나 조세부담이 증가하더라도, 고소득층은 자신들의 혁신노력에 대해 양의 한계수익을 기대할 수 있을 경우, 합리적인 고소득자들은 꾸준히 추가적인 혁신노력을 경주할 것이기 때문이다.

한국형 자본주의의 지속가능성을 떨어뜨리는 복지포퓰리즘

효율적인 복지정책은 모든 사회구성원들을 인간의 존엄성을 유지할 수 있도록 생존의 위기로부터 보호할 뿐만 아니라, 혁신활동에 참가할 수 있는 기회가 박탈되지 않고, 자신의 능력을 십분 발휘하는 경제활동에 참가할 수 있는 기회를 제공해주는 정책이어야 한다.

만약 복지정책의 이름으로, 저소득층 및 한계계층에게 혁신활동에 참가할 수 있는 기회를 높여주는 것이 아니라, 단순한 다양한 무상지원제공을 늘릴 경우, 이러한 복지정책은 저소득층의 소득창출능력을 제고해주는 것이 아니라, 정부지원에 대한 의존도를 높이는 결과를 낳게 된다. 결국 저소득층의 소득창출능력과 혁신동기를 높여주지 않는 단순 무상복지지원은 중장기적으로 빈부격차를 심화시키고 저소득층의 소득수준도 더욱 저하시킨다는 점은, 선진국의 단순무상복지가 저소득층의 소득창출능력을 더욱 저하시켰다는 실증적 사례에서도 확인된다.

특히 최근 보편적 복지라는 이름하에, 저소득층과 한계계층에 국한되지 않고, 모든 계층들에 대한 단순무상복지 지원정책은, 단기적으로 빈부격차를 더 심화시키는 소득배분의 왜곡을 심화시킬 뿐만 아니라, 중장기적으로 저소득층의 소득창출능력 및 혁신동기까지 저해하는 매우 잘못된 정책이다. 대통령 선거를 앞둔 선거전략으로 이러한 보편적 복지포퓰리즘이 제시될 수는 있겠지만, 이러한 보편적 복지정책은 저소득층의 혁신동기를 저하시키고, 빈부격차를 심화시킬 뿐만 아니라, 정부의 재정적자를 심화시키는 등, 한국의 거시경제여건 전반에 회복할 수 없는 구조적 부담을 가중시킬 것이다. 따라서 복지정책은 그 본래의 취지에 따라 빈부격차가 초래하는 시장실패를 교정하는 차원에서, 저소득층 및 한계계층도 혁신동기를 가지고 경제활동에 참여할 수 있도록 유도하는 정책에 초점을 맞추어야 할 것이다.

즉 저소득층 및 한계계층이 실업상태에 빠졌을 경우, 재취업이 이루어질 때까지 직업재교육 등 직업훈련을 제공하고, 이 직업재교육 기간 동안 최저생계를 보장하는 형태의 생산적 복지정책이 되도록 궤도수정을 해야 할 것이다. 앞에서 살펴보았듯이, 빈부격차가 저소득층 및 한계계층의 혁신동기를 떨어뜨리도록 방치해서는 안 되듯이, 복지정책이 저소득층의 혁신동기를 떨어뜨리지 않도록 유의하여야 한다. 특히 소득수준에 무관하게 현금을 살포하는 형식의 보편적 복지정책은 이러한 혁신의지를 떨어뜨림과 동시에, 정부재정에 치명적인 영향을 미친다는 점에서 적극적으로 방향수정이 이루어져야 할 것이다. 왜냐하면, 사회적 효율성에 가장 중요한 요인은 사회 전체 구성원들이 얼마나 왕성한 혁신동기와 의욕을 가질 수 있는 체제인가이기 때문이다.

2. 지속가능한 산업정책: 대기업 규제정책과 중소기업 육성정책

최근 한국자본주의체제의 지속가능성에 대해 여러 가지 우려가 제기되고 있다. 특히 지속가능한 사회의 가장 주요한 관건인, '모든 사회구성원들이 혁신동기를 가질 수 있을 정도로 사회계층구조의 역동성이 보장되고 있는가'라는 질문에 대해서는 현재 우리나라사회의 비역동성 및 계층고착화는 매우 위험한 수준에 도달했음이 다양한 사회현상에서 확인된다. 특히 88만원세대로 대표되는 다수 청년들은 사회적 계층이동의 단초가 되는 자기개발이나 혁신활동의 동기를 가질 있는 기회자체가 차단되어 있다는 점이 문제이다.

이러한 우리사회의 구조적 문제점들에도 불구하고, 그나마 대의민주주의체제와 선거제도에 의해 사회구성원들의 의견이 표출되고, 또 그 의견이나 불만이 정치적 현안이 되어 그 해결책들이, 경제민주화라는 슬로건하에 정치권에서도 논의되기 시작했다는 점 자체는 고무적이다. 그러나 더욱 심각한 문제는, 이러한 경제민주화 논의가 우리사회 모든 구성원들에게 혁신동기를 촉진하면서 자신의 능력을 발휘할 수 있는 생산활동에 참여할 수 있는 기회를 제공하기보다는, 단순히 정치인들의 정치적 지지도를 높여 집권가능성만을 높이기 위한 일회적인 정치적, 이벤트성 정책을 통하여, 더욱 자기파괴적인 체제로 변모되어 가고 있다는 점이다.

지속가능한 자본주의의 기본조건은 모든 사회구성원들이 자신이 가진 생산요소와 자질들을 충분히 계발해서, 혁신동기를 발휘하도록 유도하는 사회메커니즘이 작동해야 한다는 점이다. 따라서 우리사회의 빈부격차가 일정수준을 넘어선 결과 빈곤계층에서 사회적 신분상승을 포기하고, 혁신동기조차 가지지 못하는 경우, 우리사회는 지속불가능한 매우 위험한 사회체제, 즉 체제위기에 처한 사회로 분류될 수 있다. 이 경우, 혁신동기조차 상실한 저소득층이 혁신동기를 회복할 수 있도록, 최저생계를 보장해주고, 또 필요한 직업훈련 등 소득창출능력을 개발하는 효율적인 사회안전망을 갖출 때에만 한국자본주의체제의 지속가능성을 높일 수 있다.

그러나 최근 우리정부와 정치권에서 사회양극화를 해소하겠다는 명분으로 취하는 각종 정책들은, 오로지 정치인들의 단기적인 정치적 이해관계에 의하여, 자신들의 정치적 지지만을 확보하기 위하여 추진되면서, 근본적인 사회안전망 구축을 통한 저소득층의 혁신 동기 회복을 위한 정책방향들과는 정반대의 조치들을 취하고 있다. 그 단적인 예가 영세상인과 골목상권을 보호한다는 명분하에 취해지고 있는 대기업계열 슈퍼마켓인 SSM(Super supermarket)과 대기업계열 대형마트에 대한 규제이다. 이러한 대기업 규제의 취지는 SSM의 영업시간을 단축시키면, 이 SSM과 대기업 계열 유통기업의 단축된 영업시간 때문에 지역 소상인들의 소득이 증대될 것이라는 기대이다. 한편 소상인들과 골목상권이 생존권을 확보하고 또 소득도 증대할 수 있는 유일한 길은, 대기업계열 유통업체와 차별화되는 경쟁력을 갖추는 길 밖에 없다. 따라서 소상인들과 골목상권을 보호하기 위해서는, 대기업계열 유통업체와 차별화되는 경쟁력을 소상인과 골목상권이 확보할 수 있도록, 경쟁력 확보를 위한 기술지원 및 이에 따른 자금지원이 이루어져야 한다.

이와 같은 근본적 해법은 접어두고, 최소한의 정책노력으로 소상인들의 정치적 지지를 얻을 것이라는 정치적 계산에 근거해서, SSM과 대기업계열 대형슈퍼마켓의 영업시간을 규제하는 조치는, 소상인과 골목권 상권이 대기업과 차별화되는 경쟁력을 확보하고자 하는 노력 없이도 생존이 가능하다는 잘못된 정책시그널을 보내면서, 소상인들을 영원히 정부의 보호정책에 의존하도록 만들게 된다. 그 결과, 후일 정치적 상황이 반전되어, 소상인들에 대한 정부의 인위적인 보호정책이 중단되는 순간, 골목상권과 소상인들은 시장에서 곧바로 퇴출될 수밖에 없도록 하여, 결국 경제민주화라는 이름하에 정치권의 일시적인 지지확보를 위하여, 소상인들과 골목상권의 생존권을 박탈하는 매우 잘못된 정책이다. 특히 향후 외국계 유통업체가 한국시장에 진입할 경우, 이와 같은 포퓰리즘에 기반한 기업규제가 원천적으로 불가능하다는 점을 고려할 경우, 이와 같은 근시안적인 정책보다는, 소상인들과 골목상권의 경쟁력제고에 초점을 맞추는 유통산업정책과 또한 동시에 구조조정이 불가피한 소상인들과 골목상권이 경쟁력을 확보한 재창업까지의 과도기간에 최저생계를 보장해주는 사회안전망을 갖추는 데에 정책노력을 집중해야 할 것이다. 또한 이러한 사회안전망을 갖추는 데 필요한 재원조달을 위하여, 부유층과 대기업의 납세능력에 부응하는 조세제도개혁도 동시에 이루어져야 할 것이다.

마찬가지로, 경제민주화의 이름하에 중소기업 고유업종을 지정하여, 대기업의 진입을 규제하는 정책 역시 단기적인 정치적 지지만을 위하여, 중소기업의 경쟁력을 더욱 약화시키는 잘못된 정책임은 SSM규제의 경우와 마찬가지다. 특히 중소기업 고유업종으로 지정되는 업종 대부분이 중국 등 노동집약적 산업에 비교우위를 가진 개도국에 대하여 비교열위일 뿐만 아니라, 절대열위산업인 만큼, 이러한 업종에서 중소기업의 생존을 보장하기 위해서는 중국 등 개도국기업에 대하여 고유한 기술적 비교우위를 확보하기 위한 경쟁력확보가 필수적이다. 이러한 불가피한 경쟁압력에 처한 중소기업에 대하여, 단기적인 정치적 지지만을 노린, 대기업의 진입을 규제하는 정책은, 이 중소기업들에게 기술혁신압력을 감소시키는 잘못된 정책신호를 보내는 효과를 낳게 된다. 따라서 중소기업지원정책은 경쟁으

로부터 격리를 통한 보호가 아니라, 중소기업의 국제경쟁력을 제고
할 수 있는 기술경쟁력 제고정책에 초점을 맞추어야 한다.

대기업에 대해서는 대기업의 자금력과 기술력에 걸맞는, 부가
가치가 높은 업종에 특화하여 고부가가치산업에서의 고수익을 추구
하도록 유도할 수 있는 조세정책 및 산업정책을 적용하여야 한다.
즉 중소기업에 비하여, 자금력뿐만 아니라, 다양하고도 높은 기술력
까지 확보한 대기업이, 상대적으로 저부가가치업종에 단순한 자금력
만을 동원한 시장진입 및 시장 약탈적 전략을 구사할 경우, 공정경
쟁법규의 엄격한 적용과 함께 저부가가치 업종에서 시장지배력을
확보하는 전략이 합리적 기업전략이 될 수 없는 조세정책을 적용하
여야 할 것이다.

특히 장기적인 기업경쟁력 및 산업경쟁력 확보를 위하여, 기술
집약적이며 R&D집약적인 신산업에 투자, 진출하는 대기업에 대해
서는 조세정책 및 R&D지원정책차원에서 다양한 유인정책수단을 제
공하여 대기업들이 저부가가치 업종에서 시장지배력을 확보하려는
전략보다는, 기술집약적 고부가가치 산업에 대한 투자진출을 늘리도
록 유도하는 산업정책을 적극적으로 추진해야 할 것이다. 즉 한국경
제의 미래 신성장동력산업 발굴차원에서 대기업의 미래형 고부가가
치산업에 대한 R&D 및 투자에 주력할 수 있도록 다양한 산업정책
적 유인체계를 제공하여야 할 것이다.

또한 공정경쟁원칙에 의하여 시장약탈적 행위를 하지 않는 한,
기업활동의 자율성을 보장하는 한편, 왕성한 기업활동의 결과, 높은
이윤을 달성하는 고수익 대기업 및 고소득층에 대하여, OECD국 평

균수준의 법인세율 조정을 통하여, 중소기업의 경쟁력 강화정책 및 사회안전망 구축의 재원을 조성하여야 할 것이다.

3. 지속가능한 자본주의를 위한 선결조건: 투기적 금융 산업을 효율적 자본중개산업으로 회복시키는 정책

1971년 금본위제도가 포기되고, 자유변동환율제도가 도입되기 시작한 후, 오늘날 국제외환시장에서의 총 거래액 중 단순히 외환의 시세차익을 노린 투기적 외환거래의 비중은 99%를 상회하는 것으로 나타난다. 동시에, 서방 주요국의 주식시장을 포함한 자산시장 거래의 대부분은, 주식 등 자산의 가치분석에 기반한 수익률 상승을 목적으로 한 투자가 아니라, 초단기매매차익을 노린 투기적 거래가 대부분을 차지한다. 한편 더욱 심각한 문제는 대부분의 금융거래가 단순히 시세차익만을 노린 투기적 거래일 뿐만 아니라, 금융자산의 가격에 거품을 유발하여 금융자산의 가격왜곡을 통한 시세차익 극대화를 추구하고 있다는 점이다.

즉 지난 2008년도에 전 세계 금융시장을 마비시키고, 전 세계 실물경제의 동시불황을 초래한 주원인도 결국 미국 금융시장에서 부실 부동산담보채권(MBS)의 위험성을 분석하여, 결과적으로 조작된 가격의 부실채권인 MBS와 기타 위험자산에 대하여, 미국 대부분의 금융기관들이 과도한 투자와 투기적 거래를 했기 때문이다. 그 결과, 미국금융시스템의 부실화와 함께 자산가격의 거품이 꺼지면서,

실물경제의 붕괴가 이어졌던 것이다. 또한 도산위험에 직면한 미국의 금융기관들이 대부분 다국적 금융기관으로서 이들 미국 다국적 금융기관의 위기가 해외에서의 긴급자금인출로 이어지면서, 미국금융위기는 급속히 유럽 및 전 세계 금융시장의 경색과 금융위기 및 그에 따른 실물경제의 위기로 이어지는 결과를 초래하였다.

즉 미국발 부동산거품 붕괴는 전 세계 금융시장 및 실물경제의 동반붕괴로 이어지면서, 미국을 필두로 세계 모든 주요국가들이 세계경제의 동시불황을 타개하는 특단의 대책으로서, 기존의 통화팽창 정책이나 확장적 재정정책의 틀을 완전히 뛰어넘은, 현금살포에 가까운 새로운 형태의 통화팽창정책인 양적 완화(Quantitative Easing) 정책을 실시하였다. 전통적으로 중앙은행이 통화공급을 늘려 경기확장정책을 추진하는 방법은 중앙은행의 기준금리를 낮추거나, 재할인율을 인하하는 등의 이자율정책을 통하여, 상업은행들을 통한 시중 통화공급량을 조절해왔다. 그러나 2008년의 세계동시불황을 맞이해서는, 이러한 전통적 통화팽창정책으로는 심각한 세계동시불황을 극복할 수 없다는 판단하에, '은행의 은행'으로서 최종대부자(lender of the last resort)라는 중앙은행의 본연의 모습을 버리고, 중앙은행이 직접 민간부문의 채권을 매입하여, 민간부문에 직접 현금을 살포하는 형태의 초강력 통화팽창정책을 미국FRB를 필두로, 세계 주요국 중앙은행들이 동시에 집행하기 시작하였다. 그 결과, 2008년 발생한 전대미문의 세계경제 동시불황에서부터, 2013년 들어 미국경제를 중심으로 소폭 회복되는 추이를 보이기 시작했다. 한편 이러한 응급 조치로서의 양적 완화정책을 집행하는 것보다 더욱 큰 위험을 안고 있는 것은, 이러한 초강력처방인 양적 완화에 의해 시중에 풀린 천문학적인 규모의 통화를 관리하기 위한 출구정책(exit policy from quantitative easing)이 시행되면서 세계경제가 다시금 금융경색 및 경제위기에 직면하고 있다는 점이다.

　실제로 2013년 6월, 사전에 충분히 예상할 수 있었던 정책의 하나로, 미국 연방준비위원회(FRB)가 미국의 양적 완화정책으로 진행되어 왔던 민간부문의 채권매입을 축소하거나 장기적으로 중단할 계획을 발표하였다. 그 결과 전 세계 금융시장의 투기적 거래는 다시금 활성화되어, 개발도상국의 채권과 주식, 그리고 통화에 대한 투기적 매도가 이루어져, 우리나라를 포함한 개도국의 주식가격지수가 평균 5% 이상 급락하는 사태가 발생하였다. 즉 미국 부동산시장 및 채권시장 등 금융시장에서의 투기적 거래에 의해 발생한 미국발 세계금융위기를 수습하기 위하여 취해진 '양적 완화정책'의 출구정책 도입과정에서, 다시금 투기적 금융거래가 확산되어, 세계금융시장을 요동치게 만드는 아이러니가 발생하고 있다.

　따라서, 이와 같이 자산가격의 거품을 만든 후, 시세차익 극대화를 노리는 투기적 금융거래에 의해서 만들어진 금융위기 및 실물경제위기와, 또 그 위기를 극복하기 위해서 시도된 양적 완화 등의 긴급경제조치와 관련해서 추가적으로 시도되는 투기적 금융거래가 경제왜곡의 악순환을 심화시키고 있다. 이러한 투기적 금융거래에 의한 경제왜곡의 악순환을 벗어나기 위해서는, 투기적 거래동기를 줄여주는 정책이 필요하며, 가장 효과적으로 투기적 동기를 줄일 수 있는 정책은, 바로 투기적 거래의 거래비용을 높이는 정책이다.

이미 우리나라에서는 0.3%의 증권거래세가 부과되고 있다. 그러나 주식시장에서의 투기적 거래는 주로 파생금융상품에 집중되고 있는 반면, 파생금융상품에 대해서는 여전히 증권거래세가 부과되지 않고 있다. 따라서 우리나라 주식시장의 변동성과 불안정성은 개도국 중 가장 높은 수준에 달해 있어, 주식시장이 기업의 원활한 자금 조달경로로 작동하는 것이 아니라, 기업의 안정적 경영을 위협하는 경로로 작동하고 있는 아이러니가 발생하고 있다. 따라서 주식시장에서 투자자들이 기업의 중장기적인 가치에 대한 면밀한 조사에 근거하여 투자할 수 있도록 유도하기 위하여, 단순 투기적 거래를 억제하기 위한 파생금융상품에 대한 거래세 도입도 필요하다.

이러한 파생금융상품에 대한 증권거래세가 도입될 경우, 거래규모가 축소되고 전반적인 금융시장의 경직성이 커져 궁극적으로 금융시장의 불안정성이 더 커질 것이라는 우려도 일부에서 제기되고 있다. 그러나 기존의 금융거래세를 시행한 효과에 대한 실증연구 및 금융투자자들의 행동메커니즘을 분석한 이론분석결과에 의하면, 증권거래세와 같은 금융거래세가 도입될 경우, 잦은 초단기매매차익을 노린 투기적 거래의 기대수익이 중장기 가치투자의 기대수익보다 낮게 되므로, 투기적 거래동기를 감소시키는 것으로 확인되었다. 특히 주식현물 및 선물거래전략을 기업의 가치분석에 근거하는 것이 아니라, 단순히 각 주식가격의 흐름에 대한 추세분석에 근거하여, 컴퓨터 프로그램(algorithm)에 의하여, 1초에 수만 번에 달하는 매매를 하는 투기적 거래가 전체 주식거래에서 차지하는 비중이 점차 더 높아지고 있어, 금융시장의 불안정성이 더욱 커지고 있다. 이

와 같은 투기적 초단기매매거래(Algorithm trading)를 억제하는 수단
으로서 파생금융상품에 대한 증권거래세 도입의 효과는 매우 큰 만
큼, 주요국과의 정책공조노력과 함께 파생금융상품에 대한 증권거래
세 도입을 적극적으로 검토하여야 할 것이다. 이와 같은 투기적 금
융거래 억제를 위한 금융거래세는 투기적 금융거래를 억제할 뿐만
아니라, 사회안전망 구축을 위한 재원용 세수보전의 효과까지도 기
대할 수 있을 것이다.

외환시장에서도 전체외환거래에서 외환의 초단기 시세차익을
노리는 투기적 외환거래의 비중이 99%를 상회하는 것으로 확인된
다. 특히 외환거래에 대해서는 모든 국가들이 현재 어떠한 세금도
부과하지 않기 때문에 가장 투기적 거래에 의한 시장교란이 클 뿐더
러, 외환시장의 불안정성은 곧 국제무역 등의 실물경제의 불안정성
으로 귀착된다. 특히 지난 2008년도 미국발 금융위기가 세계금융위
기로 확산되는 과정에서도 외환시장에서의 투기적 거래가 이러한
금융위기의 확대 및 전파에 주요한 역할을 담당하였다. 따라서 현재
프랑스를 위시한 EU 국가들에서 외환시장에서의 투기적 거래를 억
제하기 위한 외환거래세로서 토빈세 도입을 위한 논의가 적극적으
로 전개되고 있다.

다른 금융거래세와 마찬가지로, 특히 외환거래세의 경우, 외환
시장에서 시장지배력을 주요 국가들이 정책공조 체제를 갖추는 것
이 매우 중요하다. 만약 일부국가가 이 외환거래세를 부과하지 않을
경우, 대부분의 투기적 외환거래자들이 조세회피를 위하여 그 국가
에서 외환의 투기적 거래를 하기 때문에, 결국 토빈세를 도입한 국

가의 정책효과도 없어지고, 다만 그 나라의 외환시장이 위축되는 결과만 초래될 수 있기 때문이다. 현재 프랑스, 독일 등 유럽의 주요국가들과 대다수의 개발도상국들은 외환시장의 안정을 위하여, 외환거래세인 토빈세도입을 지지하고 있지만, 투기적 외환시장이 가장 발달되어 있는 영국과 미국 등이 자국의 주요 금융산업의 이해관계에 의하여 토빈세도입에 반대하고 있다.

따라서 미국과 영국은 토빈세를 도입하지 않은 가운데, 유럽국가들과 개도국들만 토빈세를 도입할 경우, 투기적 외환거래자들은 거래장소를 모두 토빈세를 도입하지 않은 영국과 미국으로 이전하여 계속 투기적 외환거래를 할 것이 우려되고 있다. 이 경우, 유럽국가들의 토빈세 도입효과도 나타나지 않을 뿐더러, 단지 유럽국가들의 외환시장과 금융시장이 위축되는 대신, 미국과 영국의 외환시장 및 금융시장만 더욱 활성화되는 효과가 나올 것이라는 우려에 근거해서 외환거래세 도입은 효과가 없을 것이라는 주장이 제기되고 있다.

그러나 이러한 외환거래세 반대논의는 결국 투기적 외환거래세력에 포획된 국가 정부의 논리로서, 토빈세 도입이 자국의 금융산업에 불리할 것이라는 판단에 근거한 주장이지, 토빈세 도입자체의 효과와 정당성을 부정하는 논거는 될 수 없다. 외환시장에서의 투기적 거래동기를 줄이고자 하는 토빈세의 효력은, 결국 토빈세의 도입이 투기적 외환거래자들에게 얼마나 강력한 정책신호를 보내는가에 의해 결정된다. 따라서 설사 영국과 미국 등 일부국가들이 토빈세의 도입에서 이탈하더라도 유럽국가들과 주요 개도국 대다수가 참여한다면, 외환거래자들은 투기적 외환거래에 대한 부정적 정책신호에 의하여 전반적인 투기적 거래가 감소하는 효과가 나타날 것이다. 또한 유럽국가와 아시아개도국을 중심으로 먼저 외환거래세가 도입될 경우, 장기적으로 국제금융시장의 안정보다는 자국 금융기관의 이익만을 추구하는 영국과 미국의 비협조적 금융감독정책도 국제정책공조의 압력에 의하여, 외환거래세제를 포함하여, 국제금융시장의 불안정성을 줄이기 위한 국제정책공조에 좀 더 전향적으로 전략을 수정할 것으로 기대된다.

4. 지속가능한 무역자유화정책

자본주의의 생산력과 부가 획기적으로 증가하는 과정에서 국제무역, 특히 자유무역이 기여한 바는 산업혁명 이후의 생산기술 발달 못지않게 주요한 역할을 하였다. 자유무역이 자유무역참가국의 생산력과 후생을 높이는 경로는, 각국이 비교우위가 있는 산업으로의 생산 특화를 통한 자원의 효율적 재분배의 결과, 생산력도 증가하고, 또 그 생산물의 자유무역의 결과, 소비자들의 소비기회도 늘어서 사회전체의 후생이 증가하였다. 실제로 자본주의의 역사적 전개과정에서 자유무역이 활성화되었던 시기에는 생산력의 증가와 함께, 경제성장이 속도를 더해왔음이, 20세기 들어와서 더욱 분명하게 확인되었다. 즉 1948년 전 세계의 자유무역을 주창한 GATT(General Agreement on Tariffs and Trade: 관세 및 무역에 대한 일반협정)가 출범하여 꾸준하게 관세

장벽 및 각종 비관세장벽이 철폐되면서 이룩한 세계무역량의 증가와 세계경제의 높은 성장세는 인류가 그 이전에는 경험해보지 못한 수준이었다.

한편 시장의 실패가 발생한 상황에서는, 자유무역이 항상 최선의 정책이 아닐 수 있다. 즉 특정산업생산의 양의 외부효과에 의한 사회적 한계편익(marginal social benefit)이 보호무역에 의한 사회적 한계비용보다 높을 경우, 보호무역이 바람직할 수 있음은 주지의 사실이다. 이러한 경우, 잠재적인 기술적 효율성을 가진 유치산업을 정부가 보호하는 유치산업보호정책이 최선의 정책이 된다. 또 정부의 무역정책개입으로 교역조건(terms of trade)을 자국에게 유리하게 할 수 있을 경우, 이러한 무역정책개입이 더 바람직할 수 있다. 또 정부의 무역정책개입으로 자국의 기업들이 해외기업과 경쟁관계에 있어, 경쟁적 우위를 점할 수 있도록 만들어주는 전략적 무역정책이 논의되기도 한다. 한편 교역조건개선이나 자국기업의 전략적 우위를 위한 무역정책개입은 자국기업의 이익만을 고려한 비협조적 무역정책인 만큼, 상대국정부도 동일한 정책개입을 할 경우, 오히려 자국의 후생이 감소할 수 있는 만큼, 장기적으로 지속가능한 정책방향은 아니다.

앞에서 살펴본 시장실패가 발생한 경우를 제외하더라도, 맹목적인 자유무역이 항상 최선의 정책이 아닐 수 있음은, 자유무역의 동태적 효과를 고려해볼 때 분명해진다. 즉 자유무역의 결과, 상대적으로 비교우위가 있는 산업으로 생산을 특화할 때의 동태적 효과를 살펴볼 경우, 자유무역은 양면의 날을 가진 칼과 같은 측면이 있다. 만약 비교우위를 가진 산업이 상대적으로 낮은 기술수준의 저부가가치 산업일 경우, 자유무역을 통하여 비교우위를 가진 낮은 기술수준의 저부가가치산업으로 산업특화가 이루어질 경우, 자유무역은 장기적으로 지속가능한 경제성장을 보장해줄 수 없게 된다.

위와 같은 자유무역정책의 효과를 고려해볼 때, 지속가능한 한국 자본주의를 위한 무역정책은, 한국의 자본주의가 지속가능한 성장잠재력을 확보할 수 있도록 유도하는 무역정책이어야 한다. 그러한 맥락에서, 최근 한국정부의 무역정책, 특히 FTA정책의 산업정책적 효과를 면밀히 재검토해볼 필요가 있다. 예를 들어, 최근 정부가 역점을 두고 있는 한·중·일 FTA정책은, 산업정책적 측면에서 많은 문제점이 있음에도, 단순히 동북아구도에서 주도권 확보라는 모호한 정치적 슬로건으로 추진하고 있는 문제점이 있다.

즉 우리의 대 일본 수출제품은 대부분 무관세로 수출하고 있는 상황에서, 일본과의 FTA협상을 통해서 추가로 일본의 관세인하를 얻어낼 수 있는 여지는 거의 없다. 중국과의 FTA는 우리기업의 중국시장 진출기회는 넓혀주지만, 노동집약적 저부가가치 농업 및 단순제조업의 산업구조조정이 선결과제이다. 특히 중국과의 양자간 FTA협상을 통해 얻어낸 중국시장 진출기회를, 한·중·일 FTA를 통해 일본기업과 공유할 경우, 일본기업에 비해 절대적 기술열위를 보이고 있는 우리기업의 상대적 피해는 불 보듯 분명하다. 이런 상황에서 한·중·일 FTA논의가 초점을 맞추어야 할 과제는 분명하다. 즉 일본의 다양한 비관세장벽과 중국의 외국인기업에 대한 여러 자의적인 규제정책들을 국제적 수준에 맞추도록 정책협의가 이루어지

고, 또 다양한 형태의 3국간 산업협력을 위한 기술인증 등 제도적
협력논의에 초점이 맞추어져야 한다. 또한 근자 동아시아의 정치 및
경제협력체제 자체를 위협하는 영토분쟁 등 지역갈등구조를 해소할
수 있는 협의채널로서의 의미도 중요한 것도 사실이다.

그러나 이러한 한·중·일 3국간 갈등구조 해소를 위한 협의채
널이라는 의미 이외에는 한·중·일 FTA가 실질적으로 가져다줄 경
제적 실익이 모호한 만큼, 단순히 정치적 이니셔티브를 확보한다는
차원에서 무리하게 한·중·일 FTA정책를 서두르는 우를 범해서는
안 된다.

반면 현재 협상이 진행 중인 한·중 양국간 FTA는 단순히 중
국시장에 대한 접근기회를 넓힌다는 차원을 넘어서서, 우리나라의
산업구조를 근본적으로 변환하는 산업구조조정의 의미가 더욱 크
다. 이미 우리나라가 양국간 FTA를 체결한 상대국은 미국, EU,
ASEAN 등 우리의 주요 교역상대국을 포함하고 있다. 한편 한·중
FTA정책의 경우, FTA를 통하여 확보할 수 있는 중국시장에의 추
가적인 접근기회, 즉 중국 수입관세 인하율이 기존에 FTA를 체결
한 미국이나 EU수준을 훨씬 넘어설 뿐만 아니라, 중국의 다양한
비관세 장벽들을 완화할 수 있는 협의채널을 확보한다는 차원에서
그 의미가 크다.

그러나 중국과의 FTA를 기존에 이미 체결한 미국 및 EU와의
양자간 FTA와 비슷한, 단순한 시장접근기회 확보기회로 간주하고,
한·중 FTA에 대응하는 산업구조조정 정책이 수반되지 않을 경우,
그 사회적 충격은 이미 경험한 한·미 FTA나 한·EU FTA와는 그 궤

를 달리한다는 점이 간과되어서는 안 된다. 따라서 '한·중 FTA협상'
이 자국시장을 보호하면서, 상대국시장의 접근기회를 더 얻어내기
위한, 줄다리기방식의 전통적인 FTA협상전략의 틀을 벗어나야 한
다. 즉 한·중 FTA를 '노동집약적 저부가가치산업'을 '기술집약적 고
부가가치 산업'으로 전환하는 우리나라 산업구조조정의 오랜 정책과
제를 촉진하는 계기로 활용해야 한다. 즉 저부가가치 농업과 노동집
약적 단순제조업을 기술집약적 고부가가치 산업으로 전환하는 범정
부차원의 산업구조조정정책과 그 과도기간의 사회적 충격을 흡수할
수 있는 사회안전망을 구축하기 위한 정책노력이 한·중 FTA를 통
하여 우리경제의 효율성을 높이는 데 있어 선결과제이다.

　　무역정책의 효과는 곧 산업정책의 효과와 동일하다. 즉 무역정
책의 결과 초래되는 수출재화와 수입재화간의 상대가격의 변화는
결국 국내 산업구조의 변화를 초래하게 된다. 그런 맥락에서 그 산
업정책적 차원에서 실질적 효과가 매우 의문시되는 한·중·일 FTA
를 정치적 동기에 의해 성급히 추진해서는 안 된다. 즉 FTA가 초래
하는 산업재편효과가 우리의 장기적인 산업정책목표와 부합되는 전
략적 접근이 필요하다. 앞에서 살펴보았듯이 일본의 경우, 이미 우
리나라의 주력수출품목들이 대부분 무관세로 수출되고 있어, 일본과
의 FTA를 통해 얻을 수 있는 추가적 시장접근기회는 기대하기 힘들
다. 또한 한국의 기술집약적 소재산업 및 부품산업의 육성을 위해서
도, 국내소재산업 및 부품산업육성을 위한 산업정책효과를 상쇄하는
형태의 성급한 한·일 FTA추진은 재검토되어야 할 것이다.

　　이상에서는 주로 한국경제의 입장에서 고려한 FTA정책을 포함

한 무역정책방향을 살펴보았다. 한편 자유무역체제가 세계경제구조 및 국제분업구조에 미치는 영향을 고려해 볼 때, 자유무역은 정태적 효과차원에서는 비교우위구조의 차이에 관계없이 모든 국가의 후생을 주로 소비자후생측면에서 증가시킬 수 있다. 그러나 장기적으로 자유무역체제에 의해 각국의 경제가 비교우위부문으로 특화될 경우, 특화부문이 기술집약적 고부가가치산업인 국가와 저부가가치산업에 특화한 국가간에는 장기적으로 소득격차가 더욱 커지게 된다. 특히 저부가가치 산업에 비교우위를 가진 국가들은 장기적으로 비교우위부문으로의 특화결과, 국내산업구조의 부가가치구조는 더욱 낮아지게 된다. 최근 유럽경제위기의 원인이 되고 있는 남유럽국가들의 재정위기의 여러 요인 중, 유럽통합 이후, 남유럽국가들이 상대적으로 부가가치가 낮은 관광산업과 단순소비재산업에 특화하면서, 고부가가치산업은 대부분 북유럽으로 이전하는 형태의 산업구조조정도 주요한 원인 중의 하나로 평가되고 있다. 따라서 자유무역이 장기적인 세계경제의 균형성장을 유도하기 위해서는 무역자유화정책과 함께 기술선진국에서 기술후진국으로 적극적인 기술이전정책이 동반될 필요가 있다.

5. 지속가능한 한국자본주의체제의 선결과제로서의 대북한경제정책

우리는 지금까지 한국자본주의체제의 지속가능성을 저해하는 다양한 한국경제의 구조적 문제점들을 살펴보고, 지속가능성을 높이기 위하여 이러한 문제점들에 대한 어떤 정책적 접근이 필요한지를 투기적 금융산업과 산업정책, 대외무역정책 등을 중심으로 살펴보았다. 이러한 정책적 보완을 통하여 한국자본주의체제가 보완되더라도, 한국자본주의체제의 지속가능성을 확보하기 위해 해결해야할 숙명적인 과제는 북한경제임을 부인할 수 없다. 즉 일제강점기가 끝나고 한국정부수립 이후 최근까지 북한은 단순한 안보위협요인일 뿐만 아니라, 한국자본주의체제의 근본적인 제약요인으로 작용해 왔다.

건국 이후 초기단계에는 양 체제간의 체제경쟁이 이루어지면서, 한때 북한의 경제성장률이 남한을 상회한 경우도 있었으나, 계획경제의 부작용이 심화되면서, 지금의 북한경제는 그 지속가능성이 매우 의문시되는 불안정한 상황이다. 이처럼 지속가능성이 매우 낮아진 북한의 경제체제의 위기는 곧 북한정권 존립의 위기로 이어지면서, 최근 북한정권은 정권유지를 위한 마지막 정책수단으로 도발적 대외정책을 통한 국제적 긴장조성으로 대내 정치적 결속력을 높이는 전통적인 체제안정화 전략을 구사하고 있다.

북한경제체제가 지속가능성을 확보하지 못한 가운데, 체제붕괴의 위험에 처해 있는 한, 이러한 체제붕괴위험을 회피하고자 하는 다양한 군사도발전략이 이어질 것은 확실시되기 때문에, 북한경제체제의 안정화가 없는 한국 자본주의체제의 지속가능성 확보는 원천적으로 불가능하다고 볼 수 있다. 한편 북한경제체제가 기존의 계획경제체제를 계속 고집하는 한, 북한경제체제의 지속가능성 확보도 원천적으로 불가능한 만큼, 결국, 북한경제체제의 장기적 안정화는 사회적 충격을 최소화하면서 시장메커니즘 도입을 통한 북한경제의 효율성이 개선되는 경로를 통해서만 가능할 것이다.

과거의 햇볕정책이나 대북한 강경정책, 그리고 최근의 신뢰프로세스정책들이 단순히 북한의 군사도발을 최소화하는 데에 초점을 맞출 경우, 한국경제의 지속가능성을 장기적으로 오히려 떨어뜨리는 결과를 초래함을 이미 경험하였다. 따라서 한국경제의 지속가능성을 확보하기 위한 대북한경제정책은 북한이 중국과 같이 점진적으로 시장메커니즘을 도입할 수 있도록 지원하는 데에 초점을 맞추어야 할 것이다. 물론 단기적으로 북한체제의 일시적인 붕괴 이후 시장체제를 일시에 이식하는 경로도 고려될 수 있겠지만, 이와 같은 북한의 체제붕괴와 그 이후 시장경제체제의 일시적 체제이식은 그 사회적 비용과 국제 정치군사적 교란요인, 그리고 천문학적인 체제안정화 비용을 고려할 때, 남한이 그 경제적 비용과 정치적 위험을 감당할 수 있는 형태의 체제안정화경로는 아니다.

따라서 좀 더 현실적인 한국자본주의체제의 지속가능성을 높이는 접근방식은 북한체제의 일시적 붕괴를 초래하지 않도록, 북한정권이 체제위협을 느끼지 않으면서, 국내의 심각한 물자부족을 해소할 수 있는 현실적 대안으로서 점진적인 시장메커니즘을 도입할 수 있도록 다양한 지원을 제공하는 정책이다. 북한경제체제의 지속가능성은 북한의 경제주체들이 시장원리에 근거해서 효율적인 자원배분 원칙을 점진적으로 학습하여, 산업생산과 일상생활에 적용할 때 확보되는 것이다.

즉 일시적인 북한의 체제붕괴 이후 체제안정화를 이룰 수 있는 천문학적인 통일비용이 확보되기 전까지는, 비록 그 이행속도가 더디더라도, 북한이 점진적으로 시장원리를 산업생산 및 일반적인 경제활동에 도입할 수 있도록 꾸준히 지원하면서, 동시에 북한이 체제 위협을 느끼지 않도록 국제정치적 협력을 해나가는 노력이 한국경제체제의 지속가능성을 제고하는 차선책일 것이다.

6. 지속가능한 세계자본주의를 위한 한국경제의 역할

한국경제체제는 세계경제사에서 유례없는 압축고속성장에 성공한 사례로 언급되면서 여전히 수많은 개발도상국들의 경제개발정책의 롤 모델 역할을 하고 있다. 한편 80년대 이래 개발독재체제에서 압축고속성장을 해왔던 한국경제가 정치적 민주화와 함께 개발독재체제에서 시장경제체제로 이행해가면서, 소국개방경제가 겪을 수 있는 외환위기와 금융위기 등 다양한 내생적·외생적 경제위기를 겪어왔다.

21세기 들어서는 고속압축성장이라는 측면에서는 중국경제에 그 자리를 내어주고 경제성장률뿐만 아니라 장기적인 성장잠재력 측면에서도 심각한 위기국면이라는 우려가 제기되는 가운데에도, 한국경제체제는 여전히 개발도상국들에게 경제발전과 정치 및 사회발전체제의 역할모델차원에서 상당한 의미를 가지고 있다.

물론 앞으로 한국경제체제의 역할 및 지속가능성은 경제전반에 걸쳐 혁신동기를 왕성하게 촉발할 수 있는 효율적인 산업정책과 또 그 뒷받침이 되는 튼튼한 사회안전망을 얼마나 체계적으로 구축하는가에 달려 있다. 향후 한국경제가 꾸준히 혁신역량을 제고하면서, 투기적 금융산업에 의하여 자원배분이 왜곡되는 기형적 금융자본주의체제의 단점을 교정하는 데에 성공할 경우, 한국경제가 이룩하는 지속가능한 한국형 자본주의체제는 향후 세계자본주의체제의 역할모델이 될 수 있을 것이다.

미국경제는 그 압도적 규모와 상대적으로 안정적인 시스템에도 불구하고, 심화되는 빈부격차와 이에 따른 계층간 갈등, 그리고 시세차익극대화를 위한 투기적 금융산업이 미국정치체계의 근간을 이루고 현실을 고려할 때, 그 안정적 지속가능성에 많은 의문을 가지게 된다. 특히 2008년에 발생한 투기적 금융산업에 의해 촉발된 미국발 세계금융위기의 재발을 완벽하게 예방할 수 있는 장치를 갖추지 못하고 있다.

유럽경제 역시 성급한 단일통화를 도입한 이후, 경제구조 및 경제력격차가 매우 큰 북유럽국가들과 남유럽국가들간의 경제정책과 산업정책, 그리고 사회정책간의 장기적인 안정적 조화를 이루어내는 문제는 여전히 요원하다. 따라서 장기적으로 남유럽국가들의 산업경쟁력을 제고할 수 있는 경제정책조화가 이루어지지 않을 경우, 남유럽발 유럽경제위기의 가능성은 항상 열려 있다.

일본경제 역시 최근 아베노믹스로 불리는 매우 적극적인 팽창적 금융정책과 경기진작정책에 의해 만성적인 디플레이션 추이는 벗어나는 듯이 보이나, 오래된 금권유착 및 고착화된 사회시스템을 고려할 때, 장기적인 활력이나 성장동력의 창출이 가능할지에 대한 우려도 제기되고 있다. 또한 세계경제의 성장동력 역할을 해왔던 중국경제 역시 점차 누적되고 있는 부실채권 등에 의한 중국 금융권 전반의 부실화가능성과 산업 및 도시의 난개발에 의한 사회계층간 갈등심화 및 오래된 부패구조 등에 의해 중국형 고속성장의 지속가능성에 대해서도 많은 의문이 제기되고 있다.

이와 같은 세계경제환경에서, 비록 그 절대적 경제규모측면에서의 파급효과는 제한적이겠지만, 한국경제체제가 사회전반에 걸쳐 혁신동기가 활성화될 수 있는 산업정책과 그 기반으로서 튼튼한 사회안전망을 갖추어, 사회시스템의 경제적 지속가능성 및 정치적 지속가능성을 높일 경우, 한국경제체제는 세계자본주의체제의 새로운 대안으로서 그 역할을 할 수 있을 것이다. 이러한 세계경제체제의 역할모델을 하기 위해서는, 먼저 자원배분을 왜곡하는 투기적 금융산업을 본래적 의미의 효율적 자본중개산업으로 복원시키고, 단기적인 정치적 목적에 의하여 도입된 여러 왜곡된 산업정책들을 바로잡고, 무엇보다도 전체 사회구성원들이 혁신노력을 경주할 수 있도록 가능하게 해주는 튼튼한 사회안전망을 구축하는 노력이 선행되어야 한다. 이러한 튼튼한 사회안전망은 경쟁력을 상실한 비효율적 산업의 시장퇴출과 고부가가치 신산업으로의 구조조정과정의 사회적 비용을 최소화하여, 사회전체의 역동성을 높이는 역할을 할 것이다.

이러한 튼튼한 사회안전망을 만들기 위한 재원조성과정에서 부유층의 조세부담 능력에 부합하는 조세정책조정은, 전 세계경제가 고심하고 있는 빈부격차심화에 따른 사회분열을 치유하는 효과와 함께, 경제전반의 역동성을 회복하는 계기가 될 것이다. 이러한 혁신동기의 극대화를 위한 선순환이 한국자본주의체제에서 가능함을 보여주는 것이 한국자본주의체제가 세계자본주의체제의 역할모델이 될 수 있는 길이다.

금융자본주의의 체제안정성(regime stability)조건:
자기실현적 금융위기에 대한 이론모형구조

실물경제기반을 나타내는 변수인 θ 는 [0, 1] 사이에 균등분포(uniform distribution)되어 있으며, 정부의 외환시장 정책개입이 없을 경우, 환율은 실물경제기반의 함수인 $f(\theta)$로 결정된다. 한편 초기에 정부는 자국통화의 환율을 시장환율인 $f(\theta)$보다 고평가된 e^*에 고정시키는 고정환율제도를 채택하고 있는 것으로 가정한다($e^* \geq f(\theta)$). 한편 투기적 외환거래자가 특정국 통화에 대하여 투기적 공격으로서 공매도(short-sells)를 할 때의 비용(t)이 발생한다고 가정하면, 투기적 공격에 따른 이익은 다음과 같이 정의된다:

$e^* - f(\theta) - t$

이때, 투기적 공격에도 불구하고, 정부가 자국의 통화를 방어하여, 당초 고정환율이 유지될 경우, 투기적 공격을 감행한 거래자는 $-t$만큼의 손실을 얻게 되며, 투기적 공격을 하지 않을 경우, 이윤은 0이다.

정부가 고정환율제도를 고수했을 때 얻게 되는 정치경제적인 효과는 $v > 0$로 나타내며, 고정환율제도를 유지하기 위한 정책개입의 정책비용은 투기적 거래자들의 공격가담비율(α)과 실물경제기반(θ)의 함수로서, $c(\alpha, \theta)$로 나타낸다. 따라서 정부가 정책개입을 통한 고정환율제도를 지켜냈을 때의 보수(payoffs)는 다음과 같다:

$$v-c(\alpha, \theta)$$

한편 정부가 고정환율을 지키기 위한 정책노력의 정책비용은, 투기적 공격에 가담하는 투기적 거래자들의 비율(α)이 증가할수록 증가하며, 실물경제기반(θ)이 개선될수록 감소한다. 한편 실물경제기반이 매우 취약할 경우, 즉 $\theta = 0$일 경우, 비록 외환거래자들이 아무도 투기적 공격에 가담하지 않더라도, 정부는 자국통화를 고평가한 고정환율제도를 유지하는 정책비용이 너무 높아 고정환율제도를 포기하게 된다:

$$v<c(0, 0)$$

또한 실물경제기반이 최상의 상태이더라도, 모든 외환거래자들이 투기적 공격에 가담할 경우, 정부의 고정환율 유지를 위한 정책비용이 너무 높기 때문에 고정환율제도는 붕괴하게 된다:

$$v<c(1, 1)$$

한편 이 경우, 외환거래자가 투기적 공격이 성공하여 고정환율이 붕괴되더라도 실물경제기반이 건실한 만큼, 시장환율의 절하폭이 상대적으로 미미하여, 투기적 공격에 가담하는 외환거래자의 시세차익은 투기적 공격비용보다 낮기에 외환거래자들은 투기적 공격에 가담하지 않게 된다:

$$e^* - f(\theta) < t$$

이와 같은 구조에서 실물경제기반(θ)이 중간수준에 있을 경우, 언제든지 투기적 공격에 의한 고정환율제도의 붕괴가 가능한, 소위 자기실현적 위기가 균형으로 나타난다.

금융시장의 상보성과 자기실현적 금융위기 예방을 위한
이론모형분석

전략적 상보성을 고려한 Supermodularity분석모형은 금융시장
에서의 동태적 전략 및 불완전정보가 존재하는 Baysian game에서
의 전략분석에 매우 유용하다. 또한 순수전략(pure strategies)으로
구성된 균형의 도출을 가능하게 할 뿐만 아니라, 다양한 전략의 분
석을 포함한 global analysis를 가능하게 하며, 비교정태분석을 통하
여, 다양한 정책효과에 대한 분석까지 시도할 수 있다. 특히 금융시
스템의 급작스런 붕괴과정과 이에 대한 정책대응을 도출하는 데 큰
기여를 한 Global Game분석모형은 상보적 특성을 보이는 금융시장
에서 복수균형이 나타날 경우, 효율성이 떨어지는 피지배적 금융거
래전략(dominated strategies)을 반복적으로 제거해 나가는 방법
(iterated elimination of dominated strategies)을 통하여, 예측이 가능
한 금융시장의 단일균형을 도출하는 방법을 제시하였다.

일반적으로 전략적 상보성은 상대방이 특정행동 및 전략을 취
할 때, 자신도 동일한 전략을 취하는 것이 더 유리한 경우를 의미한
다. 즉 다른 대부분의 예금자들이 특정은행에 예금인출을 할 경우,
자신도 예금인출을 같이 하는 것이 합리적인 전략이다. 마찬가지로
다른 외환거래자들이 특정국가의 통화에 투기적 공격을 할 경우, 자
신도 그 국가의 통화를 매각하는 것이 합리적인 전략으로, 대다수

금융위기가 이러한 거래전략에 의해 확산된다. 이러한 전략적 상보성은 다음과 같이 나타낼 수 있다. 금융시장에서의 경제주체 i가 특정한 행동 혹은 선택(a_i)을 하고, 다른 사람들의 행동 혹은 선택의 평균이 $\tilde{a}$이며, 실물경제여건이 θ_i일 경우, a_i라는 선택을 한 경제주체의 보수(payoffs)를 $\pi(a_i, \tilde{a}, \theta_i)$로 표기할 수 있다.

먼저 금융시장에서 투자하는 모든 경제주체들이 동질적인 경우를 살펴보면 다음과 같다. 다른 투자자들의 선택의 평균을 $\tilde{a}$ 로 나타낼 때, 실물경제여건이 θ_i일 경우, 주어진 상대방들의 전략에 대하여 자신의 효용을 극대화하는 최적대응(best response)을 $r(\tilde{a}; \theta)$로 나타낸다. 이때, 금융투자자가 자신의 효용을 극대화하는 균형전략은 다음의 이윤극대화문제의 일계조건(first order condition)을 충족시키게 된다:

$$\frac{\partial \pi}{\partial a_i}(r(\tilde{a}), \tilde{a}; \theta_i) = 0$$

만약 $\frac{\partial^2 \pi}{(\partial a_i)^2} < 0$이 성립할 경우, 이 최적대응함수는 연속미분가능하다. 금융시장에서 다른 투자자들의 전략 ($\tilde{a}$)에 대한 최적대응전략의 방향을 나타내는 최적대응함수의 기울기는 다음과 같이 주어진다:

$$r'(\tilde{a}) = -\frac{\partial^2 \pi / \partial a_i \partial \tilde{a}}{\partial^2 \pi / (\partial a_i)^2}$$

결국 금융시장에서 상대투자자들의 전략에 대한 최적대응전략의 방향은 $\partial^2 \pi / \partial a_i \partial \tilde{a} > 0$일 경우, 상대투자자들의 전략과 동일한 방향으로 투자하는 전략으로 나타나며, 이러한 경우가 바로 전략적 상보성이 나타나는 경우이다.

이와 같은 금융시장에서의 전략적 상보성의 특성을 잘 보여주는 이론분석모형으로는 독점적 경쟁시장모형과 탐색(Search)모형이 있다. 먼저 독점적 경쟁시장모형에서 금융투자자들의 가격전략이 전략변수인 경우, 이윤함수는 다음과 같이 정의된다[1]:

$$\pi(a_i, \tilde{a}; \theta) = (a_i - \theta) D(a_i, \tilde{a})$$

이처럼 기업들이 가격경쟁을 할 경우, 경쟁기업들의 가격전략의 평균수준($\tilde{a}$)가격이 증가할수록 자신의 가격전략에 대한 수요의 가격탄력성은 낮아지며, 이를 수식으로 표현하면 다음과 같다:

$$(\partial^2 \log D) / (\partial a_i \partial \tilde{a}) > 0$$

또한 이 경우, 전체 이윤의 가격탄력성 역시 줄어들어 다음과 같이 표현된다:

$$(\partial^2 \pi) / (\partial a_i \partial \tilde{a}) = (\partial^2 \log D) / (\partial a_i \partial \tilde{a}) > 0$$

즉 금융시장에서 최적가격전략은 항상 상대방의 가격이 증가할수록 같이 증가하는 것으로 나타난다:

$$r'(\tilde{a}) > 0$$

금융시장분석을 위한 탐색(Search)모형에서도 유사한 결과가 도출된다. 즉 금융시장에서의 최적거래파트너를 찾는 노력에 의한 효용은 다음과 같이 나타난다:

$$\pi(a_i, \tilde{a}; \theta) = \theta a_i g(\tilde{a}) - C(a_i)$$

여기서 a_i는 자신의 최적금융거래파트너를 찾는 노력, θ는 탐색노력의 효율성, $\tilde{a}$는 다른 주체들의 노력, $g(\tilde{a})$는 다른 시장주체들

---

1 독점적 경쟁시장모형에 대한 세부내용은 Vives (1999)를 참조하라.

의 노력이 효용에 미치는 영향, $C(a_i)$는 최적금융거래파트너를 찾는
탐색비용을 나타낸다. 여기서 $g(\cdot)$와 $C(\cdot)$는 증가함수인 만큼, 본
인과 타인의 탐색노력은 다음과 같이 전략적 상보성을 보인다:

$$(\partial^2 \pi)/(\partial a_i \partial \tilde{a}) = \theta g'(\tilde{a}) \geq 0$$

이 경우, 탐색이 증가할수록 비용이 더욱 증가할 경우, 즉 탐색
비용함수가 볼록(convex)할 경우, 항상 미래를 예측할 수 없는 복수
균형이 발생한다. 즉 탐색노력이 없을 때 탐색비용도 0일 경우, 즉
탐색을 전혀 하지 않는 경우$(a_i = 0)$와 이윤극대화의 일계조건의 해
로서 도출되는 탐색수준$(\hat{a})$, 즉 $\theta\hat{a} = C'(\hat{a})$에서 도출되는 $\hat{a}$가 복수
균형으로 도출된다.

또 다른 경제주체들의 탐색노력이 가져다주는 효용을 나타내는
함수 g가 S자형일 경우, 균형값은 3개$(\underline{a}, \hat{a}, \bar{a})$가 된다. 이 중 중간값
의 균형인 $\hat{a}$에서는 항상 상대방의 전략에 대하여 과민반응을 하는
불안정한 균형이다. 즉 $\hat{a}$값에서는 최적대응함수의 기울기가 1보다
크므로$(r'(\hat{a}) > 1)$, 불안정한 균형이며, 상대방 전략에 대하여 과민
반응을 보이지 않는 균형(extremal equilibria: $\underline{a}, \bar{a}$)이 안정적 균형이
된다.

한편 전략적 상호작용을 하는 전략변수간에 전략적 대체성
(strategic substitutability)이 나타날 경우에는 항상 단일균형을 가지
게 된다. 그러나 금융시장의 경우, 대부분의 전략변수가 전략적 상
보성을 가지는 만큼, 금융시장에는 해당되지 않은 경우이다.

금융거래자들의 특성이 서로 다른 경우의 금융시장의 전략적 상보성

금융시장에서 특정투자행위를 할 경우의 비용이 개별 투자자별로 다를 경우, 이러한 상이한 투자자들의 투자비용(θ)이 $[\underline{\theta}, \overline{\theta}]$ 사이에서 확률적 분포를 가지는 경우를 분석한다. 한편 개별투자자의 이익은 다른 투자자들도 동일한 투자를 했을 때, 그 투자의 가치가 더욱 올라가서 더 큰 이익을 얻게 되는 전략적 상보성을 가지며 다음과 같이 정의된다:

$\pi(a_i, \tilde{a}; \theta_i) = a_i(g(\tilde{a}) - \theta_i)$

이때 전략적 상보성은 $g' > 0$로 나타난다.

투자자들은 $g(\tilde{a}) - \theta_i \geq 0$일 경우에만 투자를 할 것이므로, $g(\tilde{a}) = \hat{\theta}$조건을 충족시키는 임계치인 $\hat{\theta}$와 다른 투자자들 중 투자를 선택하는 비율($\tilde{a} = F(\hat{\theta})$)을 구할 수 있다.

한편 투자비용의 확률적 분포를 감안하여, 임계비율은 다음과 같이 나타낸다:

$$\tilde{a} \equiv Pr[\theta_j \leq \hat{\theta} | \theta_i] = \Phi\left(\frac{\hat{\theta} - (\rho\theta_i + (1-\rho)\mu_\theta)}{\sigma_\theta \sqrt{1-\rho^2}}\right)$$

따라서 균형 임계값 $\hat{\theta}$ 은 다음의 조건을 충족시킨다:

$g(Pr[\theta_j \leq \hat{\theta} | \theta_i = \hat{\theta}]) - \hat{\theta} = 0$

단 $Pr[\theta_j \leq \hat{\theta} | \theta_i = \hat{\theta}] = \Phi\left(\sqrt{\frac{1-\rho}{1+\rho}} \frac{\hat{\theta} - \mu_\theta}{\sigma_\theta}\right)$이다.

따라서 다음의 조건이 성립되면 단일해(unique solution)를 가지게 된다:

$$\sqrt{(1-\rho)/(1+\rho)}\, g'\phi/\sigma_\theta - 1 < 0$$

즉 전략적 상보성의 정도(g')가 작을수록 예측가능한 단일해를 가질 수 있는 가능성이 커진다. 만약 상대방의 전략에 매우 민감하게 반응하는 전략적 상보성이 상대적으로 클 경우,

즉 $\sqrt{(1-\rho)/(1+\rho)}\, g'\phi/\sigma_\theta > 1$일 경우, 금융시장균형이 3개로 늘어나, 금융시장은 예측불가능한 불안정 상태로 남게 된다.

전략적 상보성을 보이는 금융시장 분석을 위한 이론모형분석의 방향

전략적 상보성을 보이는 금융시장분석의 일반적 접근은 먼저 금융시장에서 경제주체들의 전략은 상대방의 전략과 동일한 방향으로 증가하기 때문에 최적반응함수가 양의 기울기를 가졌음을 보여주고, 또 주요 계수(parameters)에 대하여, 일관성 있는 반응을 하는 단조성(monotonicity)을 가지고 있음을 보여준다. 위의 사실들에 근거하여, 부동점정리(fixed point theorem)를 통하여 균형의 존재를 보여주고, 또 비교정태분석을 통하여 균형의 특성분석을 시도하게 된다.

특히 모든 금융투자자들의 특성이 동일한 대칭적 게임에서는 복수균형전략 중 최적전략의 상한값(supremum)이 하한값(infimum)과 동일하게 되는 단일균형으로 나타나게 된다. 그 결과, 금융시장의 불안정성에 대하여 예측가능한 분석이 가능하게 된다. 특히 금융투자자들의 전략들이 단순히 그 강도에 있어서만 차이가 있지, 전략의 본질적 차이가 없는 일차원적 특성(completely ordered, one-dimensional strategy)을 가지고 있는 경우, 금융시장의 특성은 결국 대칭적 투자

자의 경우가 되어, 단일균형을 가지는 예측가능한 금융시장의 특성
을 가지게 된다. 한편 금융시장에서 투자자들의 투자전략간에 일차
원적 투자전략에서의 전략적 상보성(supermodularity)이 있을 경우,
최초의 경제변수의 변화나, 혹은 특정투자자의 전략변화는 결과적으
로 승수효과(multiplier effect)를 통하여, 당초 예상하지 못했던 규모
의 큰 변화와 시장상황의 변화를 초래하게 된다.

> ### 자기실현적 금융위기의 도래와
> ### 금융시장의 체제변화(Regime Change)

금융시장에서 금융투자자들
이 실물경제기반에 대한 정
확한 정보를 가지지 못한
불완전정보 상태에서, 금융시장의 균형이 어떻게 결정되는지 이해하
기 위해서는, 다양한 형식의 정보제약과 그에 따른 투자자들의 전략
적 대응의 모든 형태를 고려할 필요가 있다. 바로 이러한 정보제약
하에서의 모든 가능한 전략과 시장균형형태를 고려한다는 차원에서,
이러한 분석을 Global Game이라고 부른다.[2]
  먼저 금융시장에서의 투자자들의 전략이 서로 전략적 상보성을
보이고 있을 경우, 완전정보하에서는 금융시장의 자기실현적 위기와
같이, 복수균형이 발생하게 된다. 이와 같이 완전정보하에서 발생하
는 복수균형은, 곧 금융시장의 구체적 미래가 예측불가능하다는 것
을 의미한다. 이러한 완전정보하에서의 금융시장의 예측불가능성을
보완하는   방법은,   Harsanyi & Selten(1988)의   위험지배적   균형

---

2 금융시장의 균형분석을 위한 Global Game에 대한 세부내용, 특히 그 토대적 연구는
  Carlsson and van Damme(1993)을 참조하라.

(risk-dominant equilibrium)개념으로 단일균형을 도출할 수 있다. 즉 주어진 전략으로부터 이탈했을 때 얻을 수 있는 손실이 더 큰 경우, 그러한 손실의 위험으로부터 스스로를 지키기 위하여 선택하게 되는 균형전략이 된다는 것이다.[3]

금융시장에서 특정금융자산에 대한 거래, 혹은 시세차익을 노린 공매도를 통한 투기적 공격(short-sell) 여부를 결정하는 경우를 살펴보자. 좀 더 구체적인 예로, 특정국가의 외환시장에서, 그 나라의 통화를 공격하는 투기적 전략을 선택하는 경우, 그 통화공격전략을 $a_i = 1$로 표기하고, 투기적 공격전략을 취하지 않는 경우를 $a_i = 0$로 표기한다.[4] 또한 실물경제여건을 θ, 이 경제주체와 동일한 전략을 구사하는 다른 경제주체들의 비율을 $\tilde{a}$로 나타내고, 이때 투기적 전략을 취하는 것이 합리적 전략이 되는 임계비율을 $h(\theta)$로 나타내면, 실물경제가 가장 낮은 상태를 보이는 $\underline{\theta}$인 경우, $h(\underline{\theta}) = 0$이며, $h(\overline{\theta}) = 1$이다.

따라서, 특정통화에 대하여 공격을 할 경우의 보수를 $\pi^1 = \pi(a_i = 1, \tilde{a}; \theta)$로 나타내고, 공격을 하지 않을 경우의 보수를 $\pi^0 = \pi(a_i = 0, \tilde{a}; \theta)$로 나타낼 때, 특정통화에 대한 공격을 할 때의 추가적인 보수인 $\pi^1 - \pi^0$는 다음과 같이 나타난다:

$$\tilde{a} \geq h(\theta)\text{일 경우, } \pi^1 - \pi^0 = B > 0$$

---

3 위험지배적 균형(risk-dominant equilibrium)개념의 자세한 내용은 Harsanyi & Selten(1988)를 참조하라.
4 외환시장에서의 특정국가 통화에 대한 투기적 공격으로 해석될 수 있는 이 전략변수는, 일반적인 금융자산시장에서의 투자전략, 금융자산인출결정, 특정기술 혹은 기술표준의 채택, 정치적 봉기 등의 경우를 포괄하는 전략변수로 해석될 수 있다.

한편 $\tilde{a} < h(\theta)$일 경우, $\pi^1 - \pi^0 = -C < 0$

따라서 실물경제가 매우 취약할 경우에는 항상 투기적 공격을 하고, 실물경제가 매우 건실할 경우에는 투기적 공격을 하지 않는 것이 최적의 전략이다. 만약 실물경제의 수준이 그 중간일 경우에는 금융시장에서 투자자들의 균형전략을 예측할 수 없는 복수균형이 나타나게 된다. 즉 $\theta \leq \underline{\theta}$일 경우, 항상 투기적 공격을 하고, $\theta \geq \bar{\theta}$ 일 경우에는 투기적 공격을 하지 않는 것이 균형전략이며, $\theta \in (\underline{\theta}, \bar{\theta})$일 경우, 복수균형이 된다.

이와 같이 전략적 상보성이 나타나는 금융시장의 경우, 실물경제여건이 중간수준에 머무를 때는, 외환위기를 초래할 수 있는 통화공격이 언제라도 발생할 수 있는 자기실현적 위기(self-fulfilling crisis)가 발생할 수 있다. 이때 경제상황에 대한 정확한 정보가 알려지지 않은 가운데, 개별투자자들이 부정확한 정보를 가지고 있을 경우, 이러한 정보의 정확도가 점차 높아지는 과정을 통하여, 예측 가능한 단일균형이 도출될 수 있다.

참고문헌

Arrow, K. 1951, *Social Choice and Individual Values*, New York: Wiley, 1963.

Aruka, Yuji, 2008, The Evolution of Moral Science: Economic Rationality in the Complex Social System, *Evolutionary and Institutional Economics Review*, February 2008, v. 4, iss. 2, pp. 217 – 37.

Asian Development Bank, 2008, *Emerging Asian Regionalism: A Partnership for Shared Prosperity*, Manila: ADB.

Beneria, Lourdes, 2003, Economic Rationality and Globalization: Beyond Economic Man, 2003, University of Chicago Press.

Becker, Gary S. 1993. "The Economic Way of Looking at Behavior." *Journal of Political Economy* 101, pp. 385 – 409.

Bernanke, B. S. 2005, The Global Saving Glut and the U.S. Current Account Deficit, Speech presented at the Homer Jones Lecture, Federal Reserve Bank of St. Louis, St. Louis, MO, 14 April.

Bird, G., and R. S. Rajan. 2002. The Evolving Asian Financial Architecture, *Princeton Essays in International Economics* (International Economics Section) 226(February).

Boorman, J. 2008, An Agenda for Reform of the International

Monetary Fund. Occasional Papers No. 38 (January), *Dialogue on Globalization*. New York and Bonn: Friedrich Ebert Stiftung.

Bothwell, James L. 2006, "Bank Oversight: Fundamental Principles for Modernizing the U.S. Structure." Testimony before the Committee on Banking and Financial Services, House of Representatives.Washington, D.C.: U.S. General Accounting Office. GAOIT－GGD－96－117 (May).

Buchanan, J. 1954, Social choice, democracy, and free markets, *Journal of Political Economy* 62, 114－23.

Carlsson, Hans and E. van Damme. 1993. "Global Games and Equilibrium Selection." *Econometrica* 61 (5). 989－1018.

Chavas, Jean－Paul, On the Economic Rationality of Market Participants: The Case of Expectations in the U.S. Market, July 1999, v. 24, iss. 1, pp. 19－37.

Comeliau, Christian, *The impasse of modernity: Debating the future of the global market economy*, 2002, Palgrave, New York.

Cosmides, Leda and John Tooby, 1994a. "Better than Rational: Evolutionary Psychology and the Invisible Hand." *American Economic Review* 50 (2): 327－332.

Daston, L. 1983, Rational Individuals versus laws of society. in Probability since 1800, ed. N. Heidelberger and L. Kruger,

Bielefeld.

Davis, John B.; Marciano, Alain; Runde, Jochen, eds., The Elgar companion to economics and philosophy, 2004, Northampton, Mass.: Elgar Press.

Debreu, G. 1974, Excess demand functions. *Journal of Mathematical Economics* 1, 15−23.

Eichengreen, B. 2009a, Reforming the International Financial Architecture after Ten years: The View from Emerging Markets, *Macro Economy Proceedings, Tokyo Club Foundation for Global Studies* 4(February): 1−18.

──────, 2009b, Out of the Box Thoughts about the International Financial Architecture. IMF Working Paper WP/09/116 (May). Washington, DC: IMF.

Financial Stability Forum. 2008, Report of the Financial Stability Forum on Enhancing Market and Institutional Resilience. Basel and Geneva: Financial Stability Forum.

Friedman, Milton, 1953, The methodology of positive economics. Repreinted in Hausman (2008).

Garicano, Luis, and Richard A. Posner. 2005. "Intelligence Failures: An Organizational Economics Perspective." *Journal of Economic Perspectives* 19 (Fall): 151-180.

Gartner, W. 2002, Domain restrictions. in Handbook of Social Choice and Welfare, ed. K. Arrow, A. Sen. Amsterdam:

North－Holland.

Ghosh, A., T. Lane, M. Schulze－Ghattas, A. Bulir, J. Hamann, and A. Mourmouras. 2002, IMF－Supported Programs in Capital Account Crises. Occasional Paper 210. Washington, DC: IMF.

Gibbard, A. 1973, Manipulation of voting schemes: a general result, *Econometrica* 41, 587－601.

Greenspan, A. 2005, Federal Reserve Board's Semiannual Monetary Policy Report to the Congress, Testimony before the Committee on Banking, Housing, and Urban Affairs, US Senate, Washington, DC, 16 February.

Griffith－Jones, S., and J. A. Ocampo, 2003, *What Progress on International Financial Reform? Why So Limited?* Stockholm: Almqvist & Wiksell International.

Hammond, Peter J. Rationality in Economics, Working Paper Series #34, Department of Economics, Stanford University, 2003.

Harsanyi J. 1977, *Rational Behavior and Bargaining Equilibrium in Games and Social Situations*, Cambridge University Press.

Harsanyi J. and R. Selten, 1988, *A General Theory of Equilibrium Selection in Games*, Cambridge MIT Press.

Hausman, Daniel, ed. 2008, *The Philosophy of Economics*, N.Y. Cambridge University Press.

Hawking, Stephen, 2001, *The Universe in a Nutshell*, New York: Bantam.

Henning, R. C. 2002, *East Asian Financial Cooperation*, Washington, DC: Institute for International Economics.

Hindmoor, Andrew, 2006, *Rational Choice*, Hampshire: Palgrave Macmillan.

Hükes, E. 2009, Crisis Resolution: Where We Stand and How to Improve It? A paper for the conference "After the Storm: The Future Face of Europe's Financial System," IMF, Brussels, 23 March.

Hutchison, T. 1956, On verification in economics. Reprinted in Hausman (1984).

IMF, 2009, Initial Lessons of the Crisis for the Global Architecture and the IMF, Prepared by the Strategy, Policy, and Review Department, Washington, DC: IMF. http://www.imf.org/external/np/pp/eng/2009/021809.

IMF–IEO, 2003, *IMF and Recent Capital Account Crises: Indonesia, Korea, Brazil*, Washington, DC: Independent Evaluation Office of the IMF.

Kahneman, D. and A. Tversky, 1979, Prospect Theory: An Analysis of Decision under Risk, *Econometrica* 47, pp. 263–291.

Krueger, A. 2002, *A New Approach to Sovereign Debt*

Restructuring, Washington, DC: IMF.

Laeven, L., and F. Valencia, 2008, Systemic Banking Crises: New Database. IMF Working Paper WP/08/224. Washington, DC: IMF.

Landa, Janet and Xiao Wang, Bounded Rationality of Economic Man: Decision Making under Ecological, Social, and Institutional Constraints, *Journal of Bioeconomics*, 2001, vol. 3, issue 2, pages 217–235.

Ledyard, J. 1995, Public goods: a survey of exprerimental research, In *Handbook of Experimental Economics*, ed. A. Roth. Princeton University Press.

Levitt, Steven and S. Dubner, 2005, *Freakonomics*, William Morrow.

Machlup, F. 1956, On indirect verification. Reprinted in Hausman (2008).

McNees, Stephen K. 1998, The Rationality of Economic Forecasts, *American Economic Review*, vol. 88, issue 2, pp. 301–05.

Menestrel, Marc Le, Economic Rationality and Ethical Behavior, Economics Working Papers from Department of Economics and Business, Universitat Pompeu Fabra.

Mill, John Stuart, 1836, On the definition and method of political economy. Reprinted in Hausman (2008)

Ocampo, J. A., and M. L. Chiappe, 2003, *Counter-Cyclical Prudential and Capital Account Regulations in Developing Countries*, Stockholm: Almqvist & Wiksell International.

Park, Janng and Paul J. Zak, 2007, Neuroeconomics Studies. Analyse & Critique 29: 47–59.

Posner, Richard A. 2003, "Behavioral Law and Economics: A Critique" In *Behavioral Economics: Preference, Context and Action*, Elias Khalil, ed. Great Barrington, MA: Behavioral Research Council (AIER).

Prasad, E. S., and R. G. Rajan, 2008, A Pragmatic Approach to Capital Account Liberalization, *Journal of Economic Perspectives* 22(3): 149–172.

Robbins, L. 1935, The nature and significance of economic science. Reprinted in Hausmann (2008)

Samuelson, O. 1947, *Foundation of Economic Analysis*, Cambridge, MA: Havard University Press.

Sachs, J. 2008. Amid the Rubble of Global Finance, A Blueprint for Bretton Woods II. *Guardian* online. www.guardianonline.co.uk (accessed 22 October 2009).

Sargent, T. 1984, Autoregressions, expectations, and advice, *American Economic Review* 74, 408–21.

Satterthwaite, M. 1975, Strategy–proofness and Arrow's conditions, *Journal of Economic Theory* 10, 187–217.

Selten, Reinhard. 1991, "Evolution, Learning, and Economic Behavior." *Games and Economic Behavior* 3. pp. 3−24.

Sen, Amartya, 1987, "Rational Behaviour." In *Utility and Probability*, John Eatwell, Murray Milgate and Peter Newman, eds. New York: Norton, 1990. 198−216.

Sen, A. 1995, Rationality and social choice, *American Economic Review* 85, 1−24.

Sent, E. 2004, THe legacy of Herbert Simon in game theory, *Journal of Economic Behavior and Organization* 53, 303−17.

Shermer, Michael. 2008, *The Mind of the Market: Compassionate Apes, Competitive Humans and other Tales from Evolutionary Economics*, New York: Times Books.

Simon, Herbert, 1963, Testability and approximation. Reprinted in Hausman (2008).

Smith, Vernon L. 2008, *Rationality in Economics: Constructivist and Ecological Forms*, New York: Cambridge University Press.

Sonnenschein, H. 1973, Do Warlas' identity and continuity characterize the class of community excess demand functions? *Journal of Economic Theory* 6, 345−54.

Sugden, R. 1991, Rational choice: a survey, *Economic Journal* 101, 751−83.

Taylor, J. B. 2009, *Getting off Track: How Government Actions and Interventions Caused, Prolonged, and Worsened the Financial Crisis*, Stanford, CA: Hoover Institution Press.

Thaler, Richard H. and Cass R. Sunstein. 2009, *Nudge: Improving Decisions About Health, Wealth and Happiness*, London: Penguin, 2nd ed.

Truman, E. M., ed. 2006, *Reforming the IMF for the 21st Century*, Washington, DC: Institute for International Economics.

Whalley, John, 2005, Rationality, Irrationality and Economic Cognition, CESifo Working Paper No. 1445.

김영한(金暎漢, Young-Han Kim)

지은이는 서울대학교 철학과를 졸업하고, 대한무역진흥공사, 삼성경제연구소 등을 전전하다가, 미국 인디아나 대학교에서 경제학박사과정에서 국제경제학과 산업조직론을 주로 공부하였다. 귀국 후, 한국외국어대학교를 거쳐 현재 성균관대학교 경제학과 교수로 재직 중이다. 요즘도 국제경제학, 특히 동아시아경제통합이 아시아의 국제분업구조에 미치는 영향에 대한 공부와, 세계금융시장 안정화를 위한 국제정책조정체계 및 금융감독정책 관련 국제정책조정체계에 관심을 가지고 공부하고 있다. 최근에는 이러한 경제개방화 과정에서 한국경제와 같은 소국개방경제의 산업경쟁력 확보를 위한 산업정책을 공부하는 데에도 큰 관심을 가지고 있다. Paul Krugman 교수와 Anthony Venables 교수와 함께 *Regional Integration in East Asia*(Palgrave, 2007)라는 책을 낸 바 있다.

지속가능한 자본주의체제와 경제적 합리성
- 경제적 합리성에 대한 철학적 반성-

초판발행   2014년 6월 30일
중판발행   2015년 8월 30일

지은이   김영한
펴낸이   안종만

편 집   김선민·전채린
기획/마케팅   박세기
표지디자인   최은정
제 작   우인도·고철민

펴낸곳   (주) 박영사
             서울특별시 종로구 새문안로3길 36, 1601
             등록 1959. 3. 11. 제300-1959-1호(倫)
전 화   02)733-6771
f a x   02)736-4818
e-mail   pys@pybook.co.kr
homepage   www.pybook.co.kr
ISBN   979-11-303-0108-2   93320

정 가   16,000원